中国—东盟研究

CHINA-ASEAN STUDIES

2017年第二辑（总第二辑）

中国—东盟区域发展协同创新中心◎编

中国社会科学出版社

图书在版编目(CIP)数据

中国—东盟研究.2017年.第二辑：总第二辑/中国—东盟区域发展协同创新中心编.—北京：中国社会科学出版社，2017.6
ISBN 978-7-5203-0815-1

Ⅰ.①中… Ⅱ.①中… Ⅲ.①自由贸易区—区域经济发展—研究—中国、东南亚国家联盟 Ⅳ.①F752.733

中国版本图书馆 CIP 数据核字（2017）第 187369 号

出 版 人	赵剑英
责任编辑	陈雅慧
责任校对	王新乐
责任印制	戴　宽

出　　版	中国社会科学出版社
社　　址	北京鼓楼西大街甲 158 号
邮　　编	100720
网　　址	http://www.csspw.cn
发 行 部	010-84083685
门 市 部	010-84029450
经　　销	新华书店及其他书店
印　　刷	北京明恒达印务有限公司
装　　订	廊坊市广阳区广增装订厂
版　　次	2017 年 6 月第 1 版
印　　次	2017 年 6 月第 1 次印刷
开　　本	710×1000　1/16
印　　张	13.25
插　　页	2
字　　数	219 千字
定　　价	59.00 元

凡购买中国社会科学出版社图书，如有质量问题请与本社营销中心联系调换
电话：010-84083683
版权所有　侵权必究

《中国—东盟研究》编辑部

顾问：

刘正东：广西壮族自治区政协副主席、广西大学党委书记、中国—东盟区域发展协同创新中心常务理事长

洪银兴：教育部社会科学委员会副主任、原南京大学党委书记、中国—东盟研究院学术委员会主任

郑永年：新加坡国立大学东亚研究所所长

陆建人：广西大学中国—东盟研究院首席研究员、中国社会科学院亚太与全球战略研究院研究员

编辑委员会主任：

于洪君：原中共中央对外联络部副部长、中国人民争取和平与裁军协会副会长、全国政协外事委员会委员

编辑委员会副主任：

张蕴岭：中国社会科学院学部委员、国际学部主任、中国—东盟区域发展协同创新中心首席科学家

李光辉：商务部国际经济与贸易研究院副院长

佟家栋：南开大学副校长、中国—东盟区域发展协同创新中心首席科学家

江瑞平：外交学院副院长、商务部经贸政策咨询委员会委员、中国亚洲太平洋学会副会长

梁　颖：广西壮族自治区人大教科文卫副主任委员、广西大学中国—东盟研究院院长

编辑委员会委员：

陈　岳：中国人民大学国际关系学院院长

许宁宁：中国—东盟商务理事会执行理事长
王玉主：中国社会科学院亚太与全球战略研究院区域合作研究室主任
魏　玲：外交学院中国外交理论研究中心主任
李晨阳：云南大学社会科学处处长、缅甸研究院院长
张振江：暨南大学国际关系学院院长、华人华侨研究院院长
李建军：中央财经大学金融学院院长
范宏伟：厦门大学南洋研究院副院长、《南洋问题研究》主编、编辑部主任
范祚军：广西大学中国—东盟研究院常务副院长
李明江：新加坡南洋理工大学副教授
胡逸山：马来西亚战略与国际问题研究所研究员
程　成：广西大学中国—东盟研究院研究员

特约编审：

谭秀英：原任中国社科院《世界经济与政治》副主编，现任国际关系学院《国际安全研究》主编。
马燕冰：清华大学国际关系学院《国际政治科学》杂志副主编。

主编兼编辑部主任： 范祚军

执行主编兼编辑部副主任： 程成

副主编： 王海峰、盛玉雪

责任编辑： 何欢、赵乐子、王勇、甘若谷

英文总审校： 蓝襄云

目录

特 稿

第十一届东亚峰会领导人发言实录选编 ················· 徐　步等 / 3

澜湄合作

澜湄合作：从"信任危机"到"可持续的信任建构
　过程" ················· Chayodom Sabhasri　Piti Srisangnam（泰国）/ 29
深化澜湄合作的机遇、挑战与对策 ················· 李晨阳　杨祥章 / 42
"一带一路"建设中的中国澜湄水外交 ················· 郭延军 / 57

一带一路

论"一带一路"国家间金融合作制度化组织构建的原则、目标与
　方案设计 ················· 保健云 / 71
"21世纪海上丝绸之路"的南海地缘政治风险及其治理
　路径 ················· 毛启蒙　韩冬临 / 85

政治政策

南海地区功能性合作：中国的视角 ················· 查道炯 / 103
日澳防务合作发展及影响析评 ················· 程晓勇 / 111

人文交流

苏西洛时期印度尼西亚与中国人文合作交流评述 …… 王小明（印尼）／127

会议综述

战略深植 多国联动 砥砺前行
　　——"澜沧江—湄公河次区域论坛·2016"会议综述 ……… 蓝　瑶／151

附　录

澜沧江—湄公河合作重要文件与领导讲话 ………………………… ／173
中国—东盟区域发展协同创新中心简介 …………………………… ／192
广西大学中国—东盟研究院简介 …………………………………… ／196

《中国—东盟研究》征稿启事 ………………………………………… ／200

Contents

Feature Article

Selections of Learders' Speech Records at the 11th East Asia
   Summit .... *Xu Bu et al.* / 3

Lancang-Mekong Cooperation

Lancang-Mekong Cooperation: From "Trust Crisis" to "A Sustainable Trust
   Building Process" ... *Chayodom Sabhasri, Piti Srisangnam* (Thailand) / 29
Deepening the Lancang-Mekong Cooperation: Opportunities, Challenges
   and Strategy .... *Li Chenyang, Yang Xiangzhang* / 42
The Lancang-Mekong Water Diplomacy of China in the Implementation of the
   Belt and Road Initiative .... *Guo Yanjun* / 57

Belt and Road Initiative

On the Basic Principle, Target Choice and Solution Design of Financial
   Cooperation among the Belt and Road Countries .... *Bao Jianyun* / 71
The Geopolitical Risk in the South China Sea Faced by the 21st Century
   Maritime Silk Road Initiative and Its Possible
   Solutions .... *Mao Qimeng, Han Donglin* / 85

Politics and Policies

Functional Cooperation in the South China Sea Region: a Chinese
 Perspective .... *Zha Daojiong* / 103
A Review and Analysis on Japanese and Australian Defense Cooperation
 Development .... *Cheng Xiaoyong* / 111

People and Culture

Indonesia-China People-to-People Relations during the Presidency of Susilo
 Bambang Yudhoyono: An Overview .... *Novi Basuki* (Indonesia) / 127

Conference and Literature

Forging ahead with Deeply Rooted Strategy and Multinational Mobilization
—— An Overview of Lancang-Mekong Sub-Regional
 Forum · 2016 .... *Lan Yao* / 151

Appendix

Key Documents and Leaders' Remarks on the Lancang-Mekong
 Cooperation .... / 173
Introduction on China-ASEAN Collaborative Innovation Center for Regional
 Development .... / 192
Introduction on China-ASEAN Research Institute of Guangxi
 University .... / 196

Call for Papers .... / 200

特　稿

Feature Article

第十一届东亚峰会领导人发言实录选编

徐步等*

2016年9月8日，第11届东亚峰会（East Asia Summit，EAS）在老挝首都万象举行。文莱、柬埔寨、印度尼西亚、老挝、马来西亚、缅甸、菲律宾、新加坡、泰国、越南、中国、日本、韩国、美国、澳大利亚、新西兰、俄罗斯、印度共十八个成员国领导人出席会议。联合国秘书长作为特邀嘉宾出席会议开幕式。会议由东盟轮值主席国老挝总理通伦主持，中国总理李克强、美国总统奥巴马、菲律宾总统杜特尔特以及联合国秘书长潘基文等在会上发表重要讲话。这次峰会是EAS发展进程中具有特殊意义的会议，美国、日本等国谋求将此次峰会聚焦南海问题、挑动东南亚国家对抗中国的企图彻底失败。现将与会有关国家领导人及潘基文秘书长在会上发言实录选编如下（以现场发言顺序排列）。

一　联合国秘书长潘基文

非常感谢通伦总理阁下邀请，很荣幸有机会在东亚峰会这一重要论坛上发言。

当前，全球经济重心正在转移。亚洲国家逐步崛起成为技术进步、充满活力、具有影响力的中心。东亚峰会聚集域内外国家，共同商讨应对当前重要议题。协调一致是应对地区和国际挑战的关键。联合国致力于同东亚国家一道为本地区每个国家的每个社区和每个人带来和平、安全、可持

---

* 此实录选编由中国驻东盟使团整理，参加摘译的有徐步、柯友生、孙毅、马乃芳、房玫、王泽亮、刘莹、杨帆、王忠宇、谢匡天、曾海波。

续发展和人权。当前，东亚安全面临严重的威胁和挑战，给我们实现上述共同目标带来了风险，并增加了暴力和混乱。

第一，我非常关切朝鲜半岛日益加剧的紧张局势，仅在2016年联合国安理会就朝核问题和核不扩散问题就召开了8次会议，我强烈呼吁朝鲜遵守安理会有关决议。本周二（2016年9月6日），安理会再次要求朝鲜切实遵守有关决议，停止任何违反安理会决议的行动。

第二，我希望各方加强合作共同应对恐怖主义和正在扩散的暴力极端主义威胁。最近，在菲律宾达沃市发生的恐怖袭击再次表明恐怖问题的全球性。尽管地区国家国内执法和审判机构之间的良好合作为成功处理一些案件提供了保障，但我们需要做更多的事情来应对暴力极端主义。我敦促所有国家切实执行2016年早些时候我在联合国大会上提出的"防止暴力极端主义行动计划"的有关建议举措。妥善应对极端主义对建立韧性、和平的社会至关重要。尊重人权最为核心，我们必须避免采取那些与我们努力背道而驰或火上浇油的措施。联合国愿意帮助各国发展和执行相关计划，我期待即将举行的东盟—联合国地区对话，希望该对话有助于加强双方在该领域的重要合作。

第三，我呼吁大家共同努力，防止那些影响地区国家关系和稳定的领土和海洋主权争议造成局势紧张。我一直敦促各相关方通过对话，在遵守国际法基础上，以和平方式解决南海争端。各方要最大限度地克制。只有通过相互间对话、建设性举措及充分了解各方关切才能缓解地区紧张局势。我们期待看到各方切实履行《南海各方行为宣言》（Declaration on the Conduct of Parties in the South China Sea，DOC），尽早达成"南海行为准则"（Code of Conduct in the South China Sea，COC）。

第四，生产、走私和消费毒品及相关中间药品对东亚愿景的实现构成严重威胁。2016年4月，联合国大会专门召开了特别会议，在《联合国禁毒公约》基础上形成了全面、以权利为规则的成果文件。这份由各成员国一致通过的成果文件强调对毒品使用者的预防和治疗。我重申对吸毒者和贩毒嫌犯处以死刑的严重关切，因为这种做法有违人权法和《联合国禁毒公约》。我呼吁所有国家用全面、平衡的方式来解决毒品问题。

除了上述这些迫在眉睫的威胁，我们也面临虽然看似遥远却关乎地球健康、人民福祉，影响地区和平繁荣的挑战。《巴黎气候变化协定》（以下简称《巴黎协定》）是政府、私人部门和公民社会共同努力、协作的成果，所有东亚国家都已签署这个协定。我感谢美国、中国和老挝政府及奥巴马总统、习近平主席和通伦总理在过去几天对该协定的批准。希望尚未批准的国家在（2016年）9月21日联合国相关高级别会上予以批准，《巴黎协定》越快得以实施，我们就越早进入低碳和可持续发展时代。相信"2030可持续发展目标"和《巴黎协定》将为所有国家带来美好前景。

我对20国集团峰会将"全球经济发展目标"和"2030可持续发展议程"及"行动计划"相结合表示赞赏。这个发展议程对所有国家都适用。即使最富有的国家也必须克服贫穷、污染和偏见，最贫穷的国家也有经验可以分享。你们的议程非常宏伟，现在需要将其变成各国人民日常生活的一部分。

我敦促所有国家参加将于（2016年）9月19日在纽约举行的难民及移民大会。我对奥巴马总统将于（2016年）9月20日在峰会上就难民问题提出自己的倡议表示感谢。

过去十年，作为联合国秘书长，我目睹了东亚国家在解决冲突、可持续发展、民主化、人权等方面取得的巨大成就。东亚国家已经实现几乎所有的"千年发展目标"，这就为实现"2030可持续发展目标"树立了良好的榜样。尽管面临诸多挑战，但东亚国家在经济和社会发展方面取得了巨大进步。东亚是南南合作和贸易的重要地区，联合国在该地区的事务从维和到人道主义援助不断拓展。我们的伙伴关系比任何时候都强大，但我们仍然有很多事情要做，以确保本地区每个人都能够享受基本的自由、权利和机会。

我敦促地区国家继续努力加强地区架构的建设，以支持和平解决分歧并采取共同措施来应对我们这个时代特有的挑战。每个国家都要扮演重要角色，以确保能够继续朝着和平、繁荣、可持续和尊重人权的方向发展。在担任联合国秘书长的十年期间，我非常荣幸能够与大家共事，与东亚国家领导人共同努力实现和平、发展和人权的目标。谢谢主席和各位阁下，我预祝本次峰会取得圆满成功！

二 菲律宾总统杜特尔特

刚才我听到联合国"总统"（意指潘基文秘书长）发言时谈到很多内容，其中最多的是人权问题。昨晚我同印度尼西亚总统佐科交谈时，得知

特 稿

印尼约有 400 万吸毒者。根据菲律宾禁毒机构统计，菲现在约有 300 万吸毒者，数量相当庞大。如不采取禁毒行动，菲毒品问题将无法解决。在菲政府努力下，目前已有 70 多万名吸毒人员主动申报，其中一些已开始接受戒毒治疗。菲期待从中国获得必要帮助以建造更多戒毒中心。

在出任总统前，我在禁毒方面一直是强硬派。我曾担任检察官达 10 年之久，但因难以认定毒贩罪行，很多案件在法庭上都无果而终。毒贩们的惯常做法是恐吓法官和检察官，他们会给警察寄其妻子或孩子的照片，威胁他若敢上庭作证，妻儿将性命不保。久而久之，许多检察官都不愿对毒贩提起诉讼。菲律宾的检察官在法庭上几乎每天都要审理与刑事犯罪、军警违纪、叛军作乱和涉毒罪行相关的案件。我深知这些案件背后的苦痛和折磨，那些毒贩真的罪该万死。除了恐吓、威胁警员，他们甚至还绑架警员的妻子，多次强暴并拍下照片。于是当我就任达沃市市长后便下令处死所有毒贩，这是他们咎由自取。

谈到人权就说来话长了。也许你们都听说过发生在棉兰老岛达沃市的爆炸事件。这种仇恨缘何而来？为什么棉兰老岛充满仇恨？我并不想对某一个国家进行贬低或诋毁，因为所有国家都是平等的。但是，棉兰老岛确实生来就充满仇恨。1521 年，麦哲伦在菲律宾的莱特登陆，西班牙人带去了大炮、火枪、炸药和刀剑。菲土著居民对于这些一无所知，第一次听到了火药爆炸声。如果你看地图，麦哲伦当年登陆的莱特位于米沙鄢群岛中部，西班牙人从这里一路向北征服菲律宾大部，往南进军我的故乡棉兰老岛，带去帝国主义和基督教，而那时棉兰老岛居民信奉伊斯兰教已有百年历史。西班牙人最终占领棉兰老岛并开始进行殖民统治，从那时起便遭到当地民众的强烈反抗。因为西班牙人统治的根基是帝国主义和宗教奴役，西班牙的殖民统治也伴随着血腥的战争，在二十世纪之交的美西战争中，西班牙战败。根据美西《巴黎条约》，菲被割让给战胜国美国。菲本土民众及我们的先辈对此无能为力，菲就像物物交换中的一件东西被拱手相让。

这些照片①就是当年殖民者征服棉兰老岛时的场景。大家看到照片上

---

① 此时在场的菲代表团成员将菲外交部准备的发言稿递给杜特尔特，请其参照发言。杜接过发言稿便当即扔在地上，并对在场各位领导人说，我有一份准备好的讲稿，但我今天不准备用它。因为看起来今天大家都在谈论人权，不是吗？然后拿出事先准备好的几张照片继续发言。

的尸体了吧？他们奋起反抗，为什么？因为他们英勇果敢。他们信奉伊斯兰教，这是一场宗教纷争，是伊斯兰教抗击基督教的战斗。这些照片上的尸体都是惨遭屠戮的棉兰老岛原住民。据统计，当时约有600名原住民遭到屠杀，尸体堆积如山。美国"牛仔"们对我们祖先痛下杀手，连妇孺都不放过。这些照片都是我们从美国档案馆获得的。

有人会说，这些事都过去了，都是历史了。但我想问，文明世界是从什么时候开始真正关心人权的呢？当然不可能是帝国主义时代。当时英国、美国、法国在全球进行殖民统治。荷兰殖民印尼，英国殖民马来西亚，美国在菲进行了长达50年的帝国主义统治。我想问的是，当那些发达国家站立在工业革命的巅峰时，谁曾关心过人权？正如气候变化问题一样，发达国家要求我们遵守排放配额，那你们的责任呢？你们完成了工业革命，现在却要求我们放慢发展速度，以免污染空气。可恰恰是你们的发展对人类赖以生存的大气造成了污染。在棉兰老岛，人们几乎找不到什么像样的工厂，大多数香蕉种植园也归跨国公司所有。因此，如果你们真想谈论人权问题，就必须从人类文明的起源开始探讨，而不应选取特定历史阶段断章取义。

三　文莱苏丹博尔基亚

2015年，我们庆祝了东亚峰会成立10周年，重申了东亚峰会将继续在互利合作基础上保持"领导人引领的战略论坛"性质。我们应充分尊重各方意愿，共同确保东亚峰会为亚太地区和平与繁荣做出贡献。

众所周知，近年来，南海问题持续受到各方高度关注。这个问题复杂、敏感。作为南海声索国，文莱主张"双轨思路"，即南海主权重叠争议由当事国根据包括1982年《联合国海洋法公约》（以下简称《公约》）在内的国际法规则通过直接对话予以解决。同时，东盟与中方为声索国对话创造和平稳定的环境。令人高兴的是，昨天（2016年9月7日）中国—东盟领导人峰会就南海问题达成了重要共识，发表了《中国与东盟国家应对海上紧急事态外交高官热线平台指导方针》和《中国与东盟国家关于在南海适用〈海上意外相遇规则〉的联合声明》。这将推动我们进一步落实《南海各方行为宣言》。另外，我们也同意加快"南海行为准则"的磋商，争取2017年年内完成框架制定。

特　稿

东亚峰会在六大重点领域，特别是在环境和自然灾害管理方面取得了巨大成就。气候变化导致越来越多的洪水、台风等灾害，给本地区人民生活带来了严重威胁。为应对这些问题，我们应该积极实施 2007 年通过的《气候变化、能源和环境新加坡宣言》中强调的措施。文莱致力于根据国家环境和政策来积极应对这些全球挑战。我们正采取森林保护等措施加以应对。最近，文莱举办了第二届亚太热带雨林峰会，就森林可持续管理等问题进行了讨论。我非常感谢澳大利亚为成功举办此次峰会所提供的大力支持。

2015 年签署的《巴黎协定》对解决气候变化问题具有里程碑意义。东亚峰会在推动实施该协定方面具有独特优势。减少人民遭受灾害袭击符合我们的共同利益。自 2009 年通过《东亚峰会灾害管理华欣声明》以来，东亚峰会在应对自然灾害管理方面取得了积极进展。2016 年印尼将举办活动测试东亚峰会灾害管理快速反应网络。国家间的协调和快速反应对减少灾害造成的损失，特别是人员伤亡至关重要。

当前，恐怖袭击活动接连不断，文莱将继续支持国际反恐努力。我想强调的是，反恐不应与宗教、国籍、少数族群等关联在一起。我们应该采取综合措施来进行反恐。我们应该倡导建立包容、温和与尊重生命的社会。文莱将参与到双边、多边及全球的共同努力中，同大家一道应对这一问题。我认为，进行协调、准确和及时的信息共享至关重要。我期待将在印尼举办的东亚峰会"应对暴力极端主义能力建设"研讨会。

四　美国总统奥巴马

感谢通伦总理，并再次感谢老挝政府和人民为举办此次东亚峰会所做的辛勤工作。

过去几十年来，东亚一直是世界上最具活力的地区，也是世界发展的引擎。美国和本地区盟友一道，为维护本地区和平、促进可持续发展以及加强思想交流发挥了积极作用。在我的总统任期内，我一直努力强化美国在亚太地区的存在，因为本地区拥有共享和平与繁荣的光明前景。与此同时，美国也致力于深化地区伙伴关系，并积极参与本地区机制建设。以东盟为中心的亚洲地区架构是领导本地区共同应对各种挑战不可或缺的平台。健全的基本原则、有效的地区架构以及对规则与准则的尊重，能够产生可预测性和共同的预期，并有助于增强透明与互信。相信在座各位都希望亚太地区充满团结与合作，并希望自己能够成为这一进程中负责任的一分子。在此，我想谈以下几点：

第一，我经常在峰会上提到南海问题，因为如何管控与解决海上争端关乎所有国家的利益。我们都对航行自由、合法商业活动不受阻得以及和平解决这些争端怀有重大利益关切。为避免争端发展成冲突，领导人们需要投入足够的关注与精力。本地区再一次重申了要通过外交与法律手段和平解决这些争端，避免使用或威胁使用武力，并保护每个国家的合法权益，不论这个国家是大是小。我认为这需要加强互信，降低冲突升级的风险，最终解决争端。美国希望相关各方能遵守各自义务，并基于这一点选择各自外交政策。我欢迎并鼓励各方正在进行的外交努力，例如东盟与中国推进早日达成"南海行为准则"的努力，以及中国与菲律宾通过对话解决分歧的意愿。各声索方也应保持克制，避免作出可能使局势升级的举动，这将对外交努力大有裨益。本地区已就此达成共识，并将继续保持克制，保持南海岛礁非军事化，不在无人岛礁采取居住行动。保持克制、采取外交手段，并遵守国际法，将有助于稳定南海局势。美国将欢迎各声索国通过和平与非强迫手段达成符合国际法解决争端的任何决议。

第二是核不扩散问题。本地区正在受到非法核项目的挑战。美国支持澳大利亚和缅甸共提的"声明"。这个"声明"重申了我们致力于将这一地区打造成为和平稳定的无核区承诺。美国是推动缩减包括美国在内核武库的领导者，我们应禁止核武器试验，停止生产可用于制造核武器的放射性材料和其他设备，并加强国际社会防止核武器和核材料扩散的努力。实现核不扩散，仅有良好意愿是不够的，我们需要做得更多。我们需要让违反规则的国家立即承担严重后果。当前本地区和世界面临的最严峻核扩散挑战是朝鲜的核武器和导弹计划。朝鲜的行为破坏了局势稳定，自2016年初以来该国已进行了一次核试验和超过三十次导弹试验，并且每一次都用激烈言辞分裂和威胁国际社会。东亚峰会是本地区解决战略问题的首要平台。因此，我们必须发表严正声明，支持国际法和国际准则，支持联合国安理会为实现朝鲜半岛无核化而采取的行动，并加大防止核武器在全球范围内扩散的力度。

最后，我想谈谈难民、移民和贩卖人口问题，这些问题是相互关联的。如大家所知，美国已经提议发表《东亚峰会加强应对危机移民和人口贩卖合作宣言》。在这方面，东盟一直发挥领导作用。2015年，东盟签署了《东盟打击贩卖人口特别是妇女和儿童宣言》。作为呼应，我高兴地宣布美国将启动一项打击本地区人口贩卖的多年计划。除了人口贩卖，我们还要做好准备保护脆弱的移民。菲律宾在这个问题上是领导者，美国重视与菲合作，我们一起提出了应对移民危机的国家倡议。这一倡议就危机发生时如何处理移民问题起草了一系列自愿性的指导方针。通过这一宣言，我们将向所有相关方释放明确信息，使他们意识到按照这些自愿性指导方针处理移民问题是多么重要，并使危机中的移民得到更好的保护。另外，我要特别提到难民。世界上有超过4500万人民为躲避暴力与迫害而流离失所，其中2100万是难民。国际社会急需对此实施综合性的解决方案。我已将难民问题作为我几周后最后一次联合国大会之行的中心议题。届时，我将主持难民问题峰会。这个峰会搭建了一个平台，鼓励各国在面对当前历史性难民问题时做出更大努力与贡献。我真诚希望在座各位能在这方面做出更大努力，并在9月30日同我一道作出新的承诺。如果我们加强对难民的支持，为他们提供更好的就学、就业和其他机会，并安全合法地安置他们，我们就能够减少非法移民，并阻止难民们落入人贩子之手。

总之，我想向各位保证，美国将一如既往承担亚太地区的责任。我对各位在我任期内提供的合作与支持表示衷心的感谢。美国自独立以来就一直积极参与本地区事务，相信我的继任者未来也会继续推进美国更深入、更有效地参与本地区事务。

五　印度尼西亚总统佐科

东亚峰会是我们这一地区乃至世界的重要战略性论坛。各国领导人坐在一起，自由讨论共同面临的问题，这就是东亚峰会的特色和力量所在。这是一个为维护地区和平、稳定、安全和繁荣而创建的机制。然而，我们也看到，当前本地区国家间仍存在互不信任，甚至关系紧张。因此，我呼吁在座所有领导人通过以下两个方面来进一步深化我们的伙伴关系。

第一，扩大东亚峰会在构建强有力地区安全架构过程中的作用。共同应对地区挑战，消除信任赤字，通过和平方式解决争端，应对本地区各种地缘政治变化。在这方面，我们应继续秉持《东南亚友好合作条约》以及"2011年东亚峰会巴厘原则"所体现的精神。印尼愿和其他东亚峰会成员一道，通过在东亚峰会框架下确立相关原则，继续讨论加强亚太地区安全架构的问题。

第二，我们彼此通过太平洋和印度洋相连，这两大洋是连接亚洲乃至世界经济的重要通道，东亚峰会必须确保我们一起保卫这两大洋，必须确保我们生活不可或缺的重要资源——海洋的安全与稳定。我们必须通过规则管辖这些海洋，尊重包括1982年《联合国海洋法公约》在内的国际法。同时，我们要致力于加强海上合作，根除非法捕鱼行为，打击跨境犯罪，促进海洋可持续发展，提升互联互通水平。

六　中国国务院总理李克强[①]

尊敬的通伦总理，各位同事：

很高兴与各位同事在美丽的万象相聚。当前，世界政治经济格局正经历复杂深刻演变。全球经济增长乏力，贸易保护主义抬头，政治安全冲突和动荡、难民危机、恐怖主义等地区热点和全球性挑战加剧，推动世界经济稳定复苏、维护国际和平稳定的任务紧迫而艰巨。东亚地区仍然被视作远离战争冲突的"净土"和贸易投资较快发展的热土。我们正是在和平稳定的条件下才实现发展繁荣。这样的局面来之不易，值得各方倍加珍惜。

自2005年成立以来，东亚峰会为增进各方理解与互信、促进地区和平稳定与发展繁荣作出了积极贡献。如今东亚峰会已迈入第二个十年。各方应珍惜和遵循东亚峰会积累的经验，把握正确方向，突出工作重点，推动东亚合作行稳致远。

我们应继续坚持东亚峰会作为"领导人引领的战略论坛"定位，支持东盟中心地位，奉行协商一致、照顾各方舒适度等"东盟方式"，积极务实地推动对话合作。中方支持峰会机制建设，支持建立东盟秘书处东亚峰会小组。中方倡议由这一小组牵头梳理《落实〈金边发展宣言〉行动计划》的工作进展，适时启动制定第二期行动计划，推动峰会合作迈上新台阶。

经济发展合作与政治安全合作是驱动东亚峰会的两个"轮子"，应该

[①] 《李克强在第十一届东亚峰会上的讲话》（全文），中国政府网，2016年9月9日，http://www.gov.cn/premier/2016-09/09/content_5106687.htm，登录时间：2017年4月10日。

特 稿

相互促进、同步前进。

在经济发展方面，一是大力支持地区互联互通。中方与老挝共同提议此次峰会发表《东亚峰会促进东亚基础设施发展合作万象宣言》，旨在为区域一体化注入持久动力。中方愿与各方共同推动"一带一路"建设，发挥好亚洲基础设施投资银行、丝路基金等融资平台的作用，为地区互联互通建设提供资金支持。二是加快推进自贸区建设。中国和东盟正加紧推动自贸区升级有关议定书成果落地。中方将与日本、韩国共同推动中日韩自贸区谈判尽早取得阶段性成果。希望区域全面经济伙伴关系协定（Regional Comprehensive Economic Partnership，RCEP）谈判尽快完成，同其他自贸安排相互促进，共同推进包容性的亚太自贸区建设。三是加强社会民生领域合作。中方将继续举办好东亚峰会清洁能源论坛和新能源论坛，推动相关技术和经验交流。中方将继续与地区国家积极开展教育政策对话，推动培训研修和语言文化交流合作。

在政治安全方面，中国坚持奉行大小国家一律平等、相互尊重的外交传统，倡导共同、综合、合作、可持续的新安全观，共同维护地区和平安宁。一是加强非传统安全合作。当前，恐怖主义、自然灾害、跨国犯罪、传染性疫病等非传统安全威胁日益凸显，成为地区国家面临的紧迫安全挑战。中方愿与各方加强合作，共同应对。2012年以来，中国和美国、联合国相关机构举办了五次东亚峰会地震应急演练，2017年将举办第六次。中方还将于2017年举办东亚峰会海上搜救经验交流研讨会。二是探讨区域安全架构建设。东亚峰会作为战略论坛，应高度重视区域安全架构问题，创新地区安全理念，构建反映地区现实、符合各方需求的区域安全架构。中方欢迎泰国2017年主办东亚峰会第六届区域安全架构研讨会，也愿积极考虑举办"二轨"研讨会。三是妥善处理热点敏感问题。本地区国家比邻而居，就像舌头和牙齿难免磕磕碰碰。相关当事方应秉持相互尊重、求同存异、和平共处的精神，通过直接谈判与协商妥善处理矛盾分歧。在有关问题彻底解决前，应开展对话，寻求合作，管控好分歧，不要让矛盾由小变大、激化升级。

当前，朝鲜半岛形势仍然复杂敏感。中方在朝鲜半岛问题上的立场是一贯的。我们坚持维护核不扩散体系，坚持实现半岛无核化，坚持维护半岛和平稳定，坚持通过对话协商解决问题。各方要全面完整执行安理会有关决议，共同努力维护半岛和平稳定，尽快使朝核问题回到通过对话谈判解决的轨道上来。中国坚决反对任何可能加剧地区紧张局势的做法，欢迎所有有利于地区缓和的行动和对话。

刚才有些同事谈到南海问题，我愿谈几点看法：

第一，中国是《联合国海洋法公约》的缔约国，一贯忠实履行《公约》。根据《公约》，缔约国拥有首先选择直接对话协商方式和平解决争端的权利。中方不接受、不参与仲裁等第三方解决程序，是在行使国际法也是《公约》赋予的权利。在场有的国家也采取过类似的立场。

第二，过去十多年南海地区保持和平稳定，基础是中国与东盟国家达成的《南海各方行为宣言》。《宣言》的制定基于并符合包括《公约》在内的国际法原则与精神，已经成为行之有效的地区规则。至于南海地区的航行和飞越自由，本来就不存在任何问题。按照《宣言》规定，南海有关争议应由直接当事方通过谈判协商和平解决。各方都应坚持这一规定，履行就此作出的承诺。单方面提起仲裁，引入第三方，违背了《宣言》。如果这个本地区最直接、最明确的规则不被遵守，问题会变得更加复杂，搅乱以规则为基础的地区秩序，损害本地区和平稳定。

第三，中方与东盟国家正在积极落实《南海各方行为宣言》，推进"南海行为准则"磋商，目的是为了更好地规范和处理南海问题，并在争议解决之前管控分歧、化解矛盾、推进合作。落实《宣言》是"准则"磋商的基础，为了有效推进"准则"磋商，必须落实和恪守《宣言》，这符合各方利益。

昨天，中国—东盟领导人会议发表的主席声明充分肯定了中国—东盟建立对话关系25年来取得的成就，并重申坚持通过《宣言》以及正在商谈的"准则"妥善处理分歧，维护南海稳定。会议还通过了《中国与东盟国家应对海上紧急事态外交高官热线平台指导方针》和《中国与东盟国家关于在南海适用〈海上意外相遇规则〉的联合声明》。这些都充分表明，中国和东盟已经找到了一条既体现国际法规则，又有效管用的办法，也表明中方和东盟国家完全有智慧、有能力处理好南海问题。域外国家应当理解支持地区国家所做的积极努力，而不是渲染分歧，扩大甚至制造矛盾。

中国始终从维护地区和平稳定大局出发，以建设性态度负责任地处理南海问题。中方愿与各方共同努力，将南海建设为造福地区各国人民的和平、合作、友谊之海。

各位同事，东亚地区和平稳定与繁荣发展仍然面临巨大机遇。老挝有句谚语：一根木桩围不成篱笆，一村人不协力建不好村寨。中方愿同各方齐心协力，推动东亚合作稳步前进，为促进地区和平稳定与持久繁荣贡献力量，造福各国人民。

七　马来西亚总理纳吉布

　　2015年在东亚峰会十周年纪念峰会上，我们通过了《2015年建成东盟共同体吉隆坡宣言》，重申继续积极为建立在规则基础上的秩序贡献力量，以促进战略互信，确保行动透明和可预测。今天，我很高兴看到《2015年建成东盟共同体吉隆坡宣言》进展顺利。和其他机制一样，通过在秘书处设立东亚峰会小组及在雅加达东亚峰会大使级会议机制，峰会作用得到加强。东亚峰会进入第二个十年变得更加活跃，在相关领域以及部长层级间更有协调力，同时增强了东盟主导各机制的活力。我们应关注东亚峰会框架下开展的各个项目，并为其做好铺垫。很高兴看到"东盟方式"，东盟的对话方式及与对话伙伴国间的沟通方式，包括尊重国际规则等已成为东亚峰会规则，从而确保了本地区和平、稳定和安全。

　　主席（意指东盟轮值主席国老挝总理通伦）先生，伊斯兰世界经历的苦难众多，类似伊拉克和利比亚等国的无辜平民饱受战乱煎熬，犯罪肆虐横行，社会陷入混乱，这样令人伤心的情形在不断增加。马来西亚谴责全球恐怖主义行径，恐怖主义和暴力极端主义已成为全球共同的安全威胁。各国应加强合作，包括扩大情报交流、信息共享和执法合作，加紧应对恐怖组织利用社交媒体进行宣传、招募青年等新动向。马来西亚强调不应将恐怖主义同特定宗教、国家、民族或是文化挂钩，建议积极推进温和运动，落实2015年东盟峰会通过的《"全球温和运动"兰卡威宣言》，采取包容政策，根除恐怖主义滋生的土壤。对于难民问题，马来西亚认为当前已达到第二次世界大战后最严重的程度，各国应合作应对，而非采取简单的隔离制度。

　　南海问题持续受到地区和国际关注。马来西亚呼吁各方以积极、建设性与和平的方式共同携手，以确保本地区和平、稳定与繁荣，包括确保南海航行和飞越自由。马来西亚感谢李克强总理在此方面的承诺。当前，东盟和中国正致力于全面、有效、完整地落实《南海各方行为宣言》，加速推进"南海行为准则"磋商，并争取于2017年年中前完成"准则"框架。

作为南海声索国，马来西亚坚持通过和平磋商解决争议，尊重包括《联合国海洋法公约》在内的国际法，保持最大限度的自我克制，避免使用或威胁使用武力，坚持非军事化。这些对于确保本地区和平、稳定和安全至关重要，也应成为各方在南海行动和互动的基础。我们期待合力应对地区潜在热点问题的案例，一个小国和大国和平解决争议的案例，都成为可借鉴的成功案例，并通过共同努力打造真正的"亚洲世纪"。

八　印度总理莫迪

莫迪重点谈及恐怖主义、防灾减灾、区域经济一体化、防扩散等问题，不点名地批评了巴基斯坦输出恐怖主义。关于南海问题，莫迪说，南海地区的航线是全球货物贸易的关键动脉，印度支持基于1982年《联合国海洋法公约》规定的国际法原则，保障南海航行和飞越自由及贸易畅通。印度认为，武力或使用武力威胁将使争议复杂化，威胁南海和平稳定。作为《公约》缔约国，印度督促各方对《公约》表示最高尊重。印度同孟加拉国成功解决海上边界争议是一个很好的例子。印度将主办东亚峰会"海上安全与合作"会议，应对共同关心的海上安全挑战，期待各方在海洋资源保护、防止海洋污染和发展蓝色经济方面分享经验，建立合作性的海洋伙伴关系。

九　俄罗斯总理梅德韦杰夫

梅德韦杰夫主要谈及朝核、恐怖主义、防扩散、移民危机、欧亚经济一体化、森林渔业、教育、卫生、救灾减灾合作等。关于南海问题，梅德韦杰夫说，关于南海领土争议，最重要的是在包括1982年《联合国海洋法公约》在内的国际法框架下，根据中国和东盟国家共同签署的联合文件精神，寻找解决方案。俄罗斯支持中国和东盟国家采取行动，推进"南海行为准则"磋商。俄罗斯认为，任何第三方介入领土争议的企图都将恶化有关局势。当然，不被认同的裁决不可能被任何一方所执行，因此，俄罗斯敦促有关方不要抱有幻想。

十　越南总理阮春福

东亚峰会是区域安全发展和构建区域合作机制的主导性论坛。正如我之前的发言者所说，亚太地区正经历迅猛变化和复杂发展，机遇与挑战并存。我们的共同利益和首要选项是确保和平稳定以集中力量于社会经济发展。我想强调以下几个重要问题：

首先，国家间应建立并巩固信任和信心，这是合作最重要的基础。这要求在各层级和不同框架下对包括某些复杂敏感问题在内的主要问题开展实质性对话。同时，还应在建立信任和预防性外交方面采取有效措施。在此方面，大国负责任的行为以及能够维持稳定、可预见的大国关系的框架意义重大。东盟作为致力于建立国家间信任和维护和平进程的一分子，在同其他伙伴合作实现共同目标和利益方面可发挥中心作用。

其次，有必要为一个有利于和平稳定合作，促进发展的区域秩序打造坚实基础。相应的，我们需坚持法治，敦促各国遵守国际法，加强构建和分享涉及本地区国家间关系的行为和行动的指导性准则，避免单边主义行动以及使用或威胁使用武力。

第三，东盟多边机制应得到加强，并使其成为对话与合作的主要框架，以解决复杂和共同的挑战。东盟主导的论坛，包括2005年设立的东亚峰会，为区域合作机制的建设搭建了扎实平台。然而，这些机制的运作需要进一步加强。关于东亚峰会，我们应坚持其作为"由领导人引领、就战略性问题开展对话"的论坛。所以，我们支持将海洋合作加入新的优先领域清单。

关于"东海"（即我国南海）局势，我们需要在尊重国际法基础上，确保"东海"（即我国南海）和平、合作、安全、安保以及航行和飞越自由。首先，我们需要落实《南海各方行为宣言》，不要军事化。各国需要根据包括1982年《联合国海洋法公约》在内的国际法，充分尊重外交和法律程序，体现最大程度的克制，避免出现使形势进一步复杂化的举动，为和平解决争端创造有益氛围。事实证明，我们需要在海上加强实质性的合作，如建立信任和采取预防性外交措施，尤其是有效落实《南海各方行为宣言》，尽早在2017年达成"南海行为准则"。此外，我们还需要在各方同意的领域加强合作。根据这一精神，越南欢迎通过《中国与东盟国家应对海上紧急事态外交高官热线平台指导方针》和《中国与东盟国家关于在南海适用〈海上意外相遇规则〉的联合声明》，希望这些文件可以得到有效落实，有助于"东海"（即中国南海）相关国家建立信任和预防意外事件。

关于其他安全挑战，越南欢迎通过《东亚峰会促进东亚基础设施发展合作万象宣言》《东亚峰会加强应对危机移民和人口贩卖合作宣言》和《东亚峰会核不扩散声明》。这些重要的承诺，将进一步提升东亚峰会在区域一体化中的地位，及时应对我们共同的安全挑战。

十一　澳大利亚总理特恩布尔

我们保护和维护地区安全稳定的努力为地区繁荣与发展打下了坚实基础。亚太地区已成为全球经济增长引擎，到 2030 年世界上最大的 5 个经济体将有 4 个来自该地区。现在我们有一个特殊机遇，通过开放新的市场以促进贸易投资，不仅可继续促进本地区经济崛起，还能为未来持续的地区繁荣打下基础。澳大利亚欢迎跨太平洋伙伴关系协定（Trans-Pacific Partnership Agreement，TPP），它为自由贸易设定了新标准。我们支持所有参与方加倍努力达成区域全面经济伙伴关系协定（RCEP），它将促进区域经济一体化，并激发新的增长动力。经济一体化不仅和地区繁荣相关，也是地区稳定的前提。我们之间的贸易越发达，相互依赖就越多。我们的供应链跨越国界、文化、种族越多，破坏基于规则的秩序带来的损失就越多。

我们面临的第二个挑战是，在转型时期维护地区稳定。随着地区战略空间变得更加拥挤，我们需要更加努力地促进地区和平与稳定。东盟和东盟领导的各种机制如东亚峰会等，对维护透明公开、基于规则的秩序发挥了关键作用。为此，澳大利亚与印尼于 2016 年 11 月在悉尼共同举办东亚峰会海上安全合作研讨会，以回应 2015 年东亚峰会联合声明中"加强地区海上安全合作"的要求。我赞赏佐科总统在这件事情上发挥的领导作用。

正如其他各位领导人所说，共同合作以维护地区稳定也适用于缓解南海地区的紧张局势。澳大利亚在南海问题上的立场长期以来是清楚和一致的，领土争议应依据国际法以和平方式解决。在此之前，我们呼吁各方避免采取使地区局势紧张的单方面和强制行动。正如奥巴马总统刚刚说的，我们欢迎争议各方通过和平方式依据国际法解决相互间的争议。李克强总理说，中国坚持奉行大小国家一律平等、相互尊重的外交传统。据此，我们欢迎各方尽早达成"南海行为准则"。我也注意到作为南海声索国的马来西亚纳吉布总理说，只要与会各国领导人下定决心，无论国家大小，我们都能以和平方式解决彼此间的争端。

基于规则的行动对于解决核不扩散问题也至关重要。朝鲜持续发展核武器和大规模杀伤性武器的行为严重威胁地区和平稳定，明显违背联合国安理会相关决议。今天所有各方也都明确呼吁朝鲜遵守安理会相关决议，包括俄罗斯总理。所有与该问题相关的决议想要长期发挥作用，都应包括本地区相关国家，以保证朝鲜能够遵守安理会相关决议，放弃核武器项目。团结起来应对朝鲜核问题符合我们的国家利益，我们严重关切破坏地区稳定的行为。在此，我也要感谢各代表团对《东亚峰会核不扩散声明》提出的各项建设性修改意见，同时还要感谢各位领导人的支持。

再次表明，东亚峰会是本地区讨论重大安全议题的最重要论坛。在一个边界日益模糊的地区，我们面临一系列来自非国家行为体的、复杂的安全威胁。刚刚发言的各国领导人也谈到了其中一些。恐怖主义活动越来越不受距离限制，它们超越边界、国界、规则秩序及其他传统阻碍，人们越来越容易受激进主义影响。我们尤其关注脆弱的年轻人群体，有些还是小孩，现在也越来越多受到社交网络激进主义思想传播的影响。2015年东亚峰会通过的关于应对暴力极端主义发展的声明强调本地区共同应对暴力极端主义的承诺。我们赞赏本地区各国在应对恐怖主义和极端主义，尤其是在防止恐怖主义方面的合作努力。纳吉布总理和佐科总统刚刚都强调了相互尊重和克制应该在全球范围内得到实践。

通伦总理阁下，我也想借此机会对奥巴马总统为东亚峰会以及世界其他重要合作机制所做的贡献表示认可。这是他作为美国总统最后一次参加东亚峰会，我们感谢他对东亚峰会持久的支持。我们也欢迎美国提出的《东亚峰会加强应对危机移民和人口贩卖合作宣言》。

最后，感谢东亚峰会主席国老挝为筹办峰会所付出的努力，并期待2017年主席国菲律宾将提出的地区合作倡议及东盟成立50周年纪念活动。

十二　韩国总统朴槿惠

朴槿惠在发言中重点谈及恐怖主义、传染性疾病、移民问题等非传统安全威胁，强调朝鲜核问题是当前最紧迫的安全挑战。关于南海问题，朴槿惠说，另一个区域和平稳定面临的严重挑战来自日益恶化的南海周边国家间的冲突和紧张局势。韩国一贯坚持的立场是，南海争议应根据相关协议和已经建立的国际行为准则和平解决。维护南海和平稳定，遵守非军事化承诺具有重要意义。我希望南海争议能够通过和平和创造性的外交方式解决。我注意到有兴趣的各方已经开始对话，寻求外交解决方案。

十三　新加坡总理李显龙

　　首先感谢通伦总理的热情款待。东亚峰会成立已超过10年，成为区域合作架构的重要组成部分。我们主要在两大方向上发挥并扩大东亚峰会的作用和能力。第一，深化务实合作。东亚峰会确定了六大优先合作领域。在这种背景下，我们支持通过了《东亚峰会促进东亚基础设施发展合作万象宣言》。我认为，各位领导人应该重新回顾东亚峰会的优先合作领域，并考虑把海上合作作为第7大优先合作领域。

　　东亚峰会工作主要内容的第二个部分是应对影响本地区的安全问题。对此，我想重点提三个问题。第一个是恐怖主义，刚刚很多领导人也已经提到。"伊斯兰国"（Islamic State，IS）发起的恐怖袭击已经蔓延到亚太地区和我们的后院，比如雅加达的爆炸、马来西亚以及最近菲律宾达沃市的恐怖袭击。也有恐怖分子试图袭击新加坡，比如印尼安全机构就发现有恐怖分子试图从印尼巴淡岛向新加坡发射火箭。东南亚已经成为暴力极端主义的滋生地和招募地。我们知道，IS一直企图要在东南亚建立分支机构，并且现在本地区很多恐怖主义集团已与中东的IS以及中国的"东伊运"组织存在联系。自我激进化正变得越来越普遍，很多极端分子经常采取单独行动，这是难以阻挡的。我们必须做好应对准备，准备好打一场持久战。新加坡愿意尽一切努力打击本地区的恐怖主义。我们将与我们的邻国密切合作，分享情报，保持持续警惕。我们也愿意与东亚峰会成员们一起合作，分享去激进化和宗教改革的经验。

　　第二个安全问题是朝鲜半岛。新加坡严重关切朝鲜发起的系列蓄意挑衅行动，呼吁国际社会采取行动避免这种危险和破坏稳定的行为。任何破坏朝鲜半岛和平与稳定的行为，都将对本地区带来深远影响。新加坡坚决承担我们的国际义务，认真履行联合国安理会相关决议。我认为本届大会通过《东亚峰会核不扩散声明》非常及时。

第三个安全问题是南海。新加坡在南海问题上的立场已充分阐述,并将始终如一。我们在南海问题上主要有四个关切,即和平与稳定、基于法治的秩序、航行和飞越自由、东盟中立立场和中心地位。近几个月来,南海问题出现很多不好的迹象,但南海形势却没有恶化,我感到很欣慰。我们欢迎中国和菲律宾采取初步行动以恢复双边对话。中国和东盟昨天通过了《中国与东盟国家应对海上紧急事态外交高官热线平台指导方针》和《中国与东盟国家关于在南海适用〈海上意外相遇规则〉的联合声明》。这两个文件是建立信任的有效措施。但我们仍然需要一个可信的、具有法律约束力的"南海行为准则"。新加坡欢迎中国与东盟在2017年上半年完成"南海行为准则"框架的磋商,并加快相关谈判进程。

我们大家都希望维持本地区的发展、和平与稳定。通过东亚峰会这个平台,我们可以携手合作,共同应对挑战。我们必须维护东亚峰会的开放、包容和东盟中心等原则,保持原有的强劲势头。在东亚峰会的框架下,希望我们共同努力,加强合作,促进本地区未来长时期的繁荣和稳定。

十四 柬埔寨首相洪森

柬埔寨高度赞赏东亚峰会六大优先合作取得的进展极大促进了本地区国家和平稳定和经济社会发展。

为进一步促进有关领域务实合作取得积极成果,柬埔寨认为,应推动东亚峰会成为东盟主导机制的重要补充论坛,为地区领导人提供政策、社会经济议题讨论平台。这个开放、全面的战略论坛将符合各方利益,维护东盟在地区架构演变中的中心地位。

我们应通过提升各领域互联互通水平,将促进全面、包容的东亚一体化作为工作重点。我支持通过《东亚峰会促进东亚基础设施发展合作万象宣言》,高度赞赏对话伙伴在东亚峰会框架下提出的合作倡议,提升地区互联互通。

我们整个地区应采取积极措施,应对恐怖主义、自然灾害、气候变化、国际移民、传染性疾病等非传统安全威胁,确保可持续发展,提升人民福祉。柬埔寨强烈谴责各种形式的恐怖主义、暴力和极端主义袭击,特别是 IS 领导的恐怖主义活动。同时，我请求东亚峰会成员提供更多支持落实《东盟联合反恐行动宣言》，提升有关国家落实 2015 年通过的《东亚峰会关于打击恐怖主义和极端主义声明》和《"全球温和运动"兰卡威宣言》的能力。我鼓励大家分享情报，交流经验，制定对策，执行全面反恐战略，打击暴力极端主义。

最后，我认为，本地区全面的经济一体化和紧密的国家间关系将提升每个国家的经济增长潜力和商业发展，提升民众生活水平和福祉。

十五　缅甸国务资政昂山素季

缅甸支持东亚峰会作为讨论影响本地区乃至更大范围的传统与非传统安全议题的主要论坛。

我们欢迎通过《东亚峰会促进东亚基础设施发展合作万象宣言》，尤其是《东亚峰会加强应对危机移民和人口贩卖合作宣言》，因为这一问题与我们直接相关。缅甸有许多妇女儿童成为人口贩卖的受害者。缅政府决心与这一行为进行坚决斗争，保障人民安全。为此，我们将在国际社会支持下加倍地投入力量，应对这一涉及经济、政治和社会问题的严峻挑战，欢迎各方为我们提出相关建议。缅甸正处于批准《东盟打击贩卖人口特别是妇女和儿童宣言》的最后阶段。

作为爱好和平的国家和国际社会负责任的一员，缅甸支持在本地区和全球范围内不扩散核武器和大规模杀伤性武器。我们刚刚完成了批准《全面禁止核试验条约》所有国内程序，在即将召开的联合国大会期间交存批准书。我们将在地区和国际层面与各方共同努力，推进核裁军和不扩散进程。我很高兴得知今天的东亚峰会也将通过相关声明。

在全球经济减速和不确定性因素增加的背景下，我们应在东亚峰会机制下共同努力，加强应对措施，与国际金融机制实现有效和紧密的合作。这对于缅甸尤为重要，因为我们将从本地区繁荣中获益。我们想确保发展后进者仍能享有发展机会。我希望我们能够进行建设性和富有成果的讨论，以在东亚峰会各成员国间增进互信、加强合作，这将有助于我们制定包容性和可持续发展战略。

缅甸作为一个在数十年间不断寻求民族和解的国家，非常清楚弥合分歧的难度。然而，我们对于人类通过和平方式解决纷争的能力抱有坚定信心。我们支持东盟为维护本地区和平与和谐所作出的所有努力和决定。缅甸坚持正义，抱持善意，愿尽己所能，让南海争议相关国家走得更近，确保我们生活在和平与安全之中。

最后，我想谈一下很多领导人都提到的恐怖主义问题。恐怖主义根植于极端思想，我敦促东盟以及东亚其他伙伴国采取所有可能的措施，根除导致不同国家和人民之间冲突的极端思想。

十六　泰国总理巴育

我对于2015年通过的《纪念东亚峰会十周年吉隆坡宣言》的落实进展感到高兴。我们应通过合作，在以东盟为中心的地区架构中加强东亚峰会作为"领导人引领的战略论坛"的作用。

亚太是世界经济繁荣与安全的驱动力量。在当前形势下，本地区作为驱动力的角色正面临检验，安全问题向一个方向发展，而经济则朝另一个方向发展，出现了战略失衡。要在本地区实现真正的和平与繁荣，我们必须尽力确保经济的可持续发展。我们可以通过提升经济一体化的有效性来实现这一目标。当前既有框架具有很强的互补性，我们应加速完成区域全面经济伙伴关系协定（RCEP）谈判，为地区贸易、投资和服务创造更多机会。我们也应与跨太平洋伙伴关系协定（TPP）成员国合作，避免竞争，寻求互补。

安全上，我们仍面临不断增加的挑战。经济成功形成拉动效应，吸引不同国家进入本地区，丰富了它们在政治、经济、社会等领域的角色。我支持大国在本地区的密切互动，鼓励它们在本地区发挥建设性作用，鼓励它们倾听本地区国家的关切和需求，鼓励它们支持东盟共同体建设和东盟在本地区的引领作用，上述举措对重建本地区战略平衡至关重要。

我们应在合作与相互理解的基础上，加快构建以东盟为中心的地区安全架构，以使我们已经建立的机制能够切实应对本地区经济、安全挑战。几天前的二十国集团（G20）杭州峰会也讨论了这一问题。我们可以看出东亚峰会确实居于地区架构的核心位置。因此，我们更需要在东亚峰会框架下开展务实合作，以提升能力建设水平，应对人口贩卖、非法移民等挑战。

南海问题应通过和平谈判解决，各方都应保持克制。我们应全面有效落实《南海各方行为宣言》，早日达成"南海行为准则"。我们将继续探讨与之相关的技术性问题，我们应尽可能参与具有建设性的合作，使南海成为和平、稳定和可持续发展之海。这与"联合国可持续发展目标（Sustainable Development Goals）第 14 项（SDG14）：为了可持续发展谨慎利用海洋和海洋资源"相关规定一致。如果我们能够合作，就一定会找到解决问题的方法。泰国愿与各国合作保护海洋资源和海洋环境。

各方都十分关注朝鲜半岛问题。当前的关键是我们应如何让朝鲜重返谈判桌，而不是对地区和平稳定构成威胁，这是国际社会共同面对和需要解决的问题。我们应重启谈判，或许也可以讨论向朝鲜提供人道主义援助及其他必要援助。

泰国改革正沿着既定路线图向前推进，我们将于 2017 年举行大选。我们刚刚就新宪法举行了公投。我在此重申，如此前所作承诺，泰国大选将按照政治改革路线图于 2017 年举行，但大选要以良好的治理作为基础，并且要与泰国未来 20 年国家发展战略相一致。我相信，所有国家都希望看到泰国在国际发展领域发挥建设性作用，我们也将这么做。

十七　新西兰总理约翰·基

约翰·基主要谈及南海问题、朝核问题、区域经济、反恐等问题。关于南海问题，约翰·基说：我们肩负着繁荣的关键使命，繁荣的核心包括三个因素，即稳定、可预测性和法治。规范实行了，各方都应遵守。为维护地区和平、实现繁荣，和平共存、相互尊重解决南海等争议问题就应该遵守规范和准则，我们可以以可预测的方式适用这些规范和准则。

十八　日本首相安倍晋三

作为今天最后一个发言者，我愿借此机会对通伦总理和老挝人民给予的热情款待和精彩晚会表示感谢。

首先，我想向世界各地的恐怖主义受害者和他们的家人表示悼念，我们强烈谴责恐怖主义行为。恐怖主义也在席卷本地区。为帮助东亚峰会成员国打击恐怖主义和极端主义，日本将在未来 3 年内向其他国家提供 2450 亿日元援助，用以培养 2000 名反恐人才，加强其包括边境管控在内的能力

特 稿

建设。日本愿为打击暴力极端主义采取全面举措,并为此做出积极贡献。

当前,东亚地区安全环境更为严峻,我们应加强东亚峰会作为该地区首要论坛的作用。我们要不断落实好《纪念东亚峰会十周年吉隆坡宣言》,加强政治安全议题讨论。日本支持将海上合作列入东亚峰会重点合作领域的建议。我们希望深化海上合作领域讨论,落实好 2015 年《东亚峰会海上合作声明》。日本 2014 年宣布的关于在东盟加强人力资源建设的三年计划已提前完成,将在未来三年继续培养 1000 人。

跨太平洋伙伴关系协定(TPP)极为重要,这是制定亚太自贸区等 21 世纪全球规则和标准讨论的基础。日本期待 TPP 早日生效。区域全面经济伙伴关系协定(RCEP)谈判是东亚经济一体化的重要支柱,我们希望同其他各方合作,积极推动相关谈判,达成全面、平衡、高水平的协议。

从非洲到亚洲的供应链具有巨大经济价值。日本愿同东亚峰会成员国合作,通过基础设施改善和人力资源发展,与非洲实现有活力的互联互通,使其成为增长和繁荣的主干道。

海上秩序应建立在包括《联合国海洋法公约》在内的国际法的基础上。航行自由对地区和平繁荣极为重要。从这个角度看,G7 广岛峰会认为,各国应基于国际法进行主权声索,不应使用武力、胁迫和恐吓推进各自声索,通过和平手段,包括仲裁解决争议。这就是广岛峰会达成的共识。

在过去的几个月中,日方对东海和南海持续出现单方面改变现状的行为深表关切。国际社会必须遵从法治原则这一普遍原则,所有国家必须保持克制,避免可能造成局势升级的行动,基于包括《公约》在内的国际法原则和平解决争端。

东盟国家在南海问题面临巨大困难,日方一贯支持东盟中心地位和团结。9 月 7 日东盟发表的《纪念峰会联合声明》排他性提及充分尊重法律和外交程序,日方对此高度赞赏。我们欢迎中国和东盟进行对话,但对话应基于国际法准则。我们期待中方恪守中国领导人 2015 年做出的关于南海非军事化的承诺。希望中菲双方推动南海争议和平解决。我谈到了海上安全问题,很多国家提及南海问题,在主席声明中反映今天各国所谈的重要观点非常重要。

从 2016 年年初开始,朝鲜发射了 20 余枚弹道导弹。9 月 5 日二十国集团峰会期间,朝鲜又发射 3 枚弹道导弹,同时落入日本专属经济区。这是史无前例的,是不可原谅的暴行。朝鲜中程弹道导弹及其他导弹技术显著提高,这对日本和地区安全造成严重威胁。朝鲜一再公然挑衅,成为国际社会的巨大威胁。要让朝鲜改弦更张,国际社会别无选择,只能通过严格执行联合国安理会决议和推动安理会达成更多决议,加大施压力度。朝鲜人权和人道状况是不稳定因素,特别是绑架问题,这是对主权、人的生命和安全的重大挑战,希望早日解决这一问题。在"主席声明"中,我希望像 2015 年一样提及绑架问题,向朝鲜发出明确信号。"防扩散声明"明确显示成员国对朝鲜的坚定立场,日本欢迎通过该"声明"。

日本、韩国和中国对地区和平与繁荣担负主要责任。作为中日韩三国合作机制的主席国,考虑上个月(2016 年 8 月)在东京举行的中日韩外长会,我们希望继续加强三国合作。

今天我们就关心、关切和面对的重要问题进行了坦诚、实质性讨论,这对于面对挑战和加强合作至关重要,也很有意义。2017 年是东盟成立 50 周年,日本将支持东盟中心地位和团结,与 2017 年东盟轮值主席国菲律宾合作,继续为加强东亚峰会做出贡献,保持好 2017 年及今后若干年的良好势头。最后,我想再次感谢会议主席通伦总理。

澜湄合作
Lancang-Mekong Cooperation

澜湄合作：从"信任危机"到"可持续的信任建构过程"*

Chayodom Sabhasri　Piti Srisangnam

【摘要】2014年，中国支持泰国提出建立澜沧江—湄公河次区域国家新合作框架的倡议。2016年3月，澜沧江—湄公河合作首次领导人峰会在中国海南省三亚市举行，参会国包括中国和"陆上东盟"的泰国、柬埔寨、老挝、缅甸、越南。本文主要从泰国的视角探讨为何中国积极支持澜沧江—湄公河合作框架。目前，就中国与湄公河次区域国家可持续发展而言，尤其是在跨境河流与自然资源管理方面，这一合作框架面临新的挑战与机遇。澜沧江—湄公河合作框架的有效运行，需要每个成员国的共同参与，尤其需要在各成员国间开展"信任构建"。

【基金项目】泰国曼谷贸易与发展国际研究院资助项目"大湄公河次区域国际贸易、收入分配不平等和可持续发展的关联"。

【关键词】澜沧江　湄公河　中国　东盟　信任构建

【作者简介】Chayodom Sabhasri，泰国朱拉隆功大学经济系；Piti Srisangnam，泰国朱拉隆功大学东盟研究中心。

近年来，湄公河已经成为中国与泰国、柬埔寨、老挝、缅甸、越南这五个"陆上东盟"国家之间的重要共享资源。在发展经济的过程中，共享水资源开发与水生资源保护所产生的利益冲突，已经成为大湄公河次区域国家间的主要问题。这个区域还进行着诸多试图造福流域内国家和人民的

---

* 原稿为英文，由广西大学中国—东盟研究院王海峰博士、蓝襄云老师翻译。

大规模开发计划，其中一些计划已经招致批评，并导致区域局势紧张。自 20 世纪 50 年代起，大湄公河次区域国家间就形成了许多合作框架，例如湄公河委员会（Mekong River Commission，MRC）、大湄公河次区域经济合作（Greater Mekong Subregional Cooperation，GMS）和湄公河下游倡议（Lower Mekong Initiative，LMI）等。但是在过去数十年间，中国并未在任何合作框架中发挥重要作用。

2014 年，中国支持泰国提出建立澜沧江—湄公河国家新合作框架的倡议。澜沧江—湄公河合作（Lancang-Mekong Cooperation，LMC，简称澜湄合作）包括中国和"陆上东盟"五个国家（泰国、柬埔寨、老挝、缅甸、越南）。本文研究表明，对于中国与"陆上东盟"国家的政治、经济、文化合作与可持续发展而言，尤其在跨境河流与自然资源的管理方面，澜湄合作意味着新的机遇与挑战。澜湄合作机制的出发点是进一步深化中国—东盟合作发展，并成为中国—东盟关系的重要补充。

一　澜湄合作机制的建立

澜沧江—湄公河是东南亚地区最大、最长的河流，也是世界第八大长河，流域面积达 80 万平方公里，流经缅甸、泰国、老挝、柬埔寨、越南五个东南亚国家。该河流发源于中国西藏，流经云南省，在中国境内称为澜沧江（湄公河上游）。澜沧江是中国最长的河流之一，在中国境内的流量贡献了湄公河流量的近 13.5%。这条河流为流域内 7000 多万居民提供水和食物，是他们主要的生计资源。河水浇灌和供养农作物、家畜、渔业和森林，河流成为货物和人员运输的河道，还是旅游、娱乐和社会文化活动的地方。

澜沧江—湄公河的重要作用表明，该河流已经与沿岸人们的生活与经济发展紧紧地联系在一起。然而，对于流域内具有完全独立与主权的 6 个国家来说，一体化绝不是轻而易举的。记录显示，自 20 世纪 50 年代早期开始，尤其是近 20 年，沿岸 6 国围绕该河流的开发竞争日益加剧。

中国在澜沧江—湄公河流域开发上有着强大的利益诉求，主要体现为建设大坝进行水电开发，清理流域内河道改善上游的航运，以及与下游湄公河国家开展贸易。缅甸与老挝以湄公河为界，但自 20 世纪 60 年代到最近，除了与中国合作之外，缅甸似乎已经与世隔绝，很少参与湄公河流域合作。老挝的利益诉求与中国类似,倾向于在湄公河上开发水电项目,以创造更多的能源供给,成为东南亚的"蓄电池"。(参见图1)

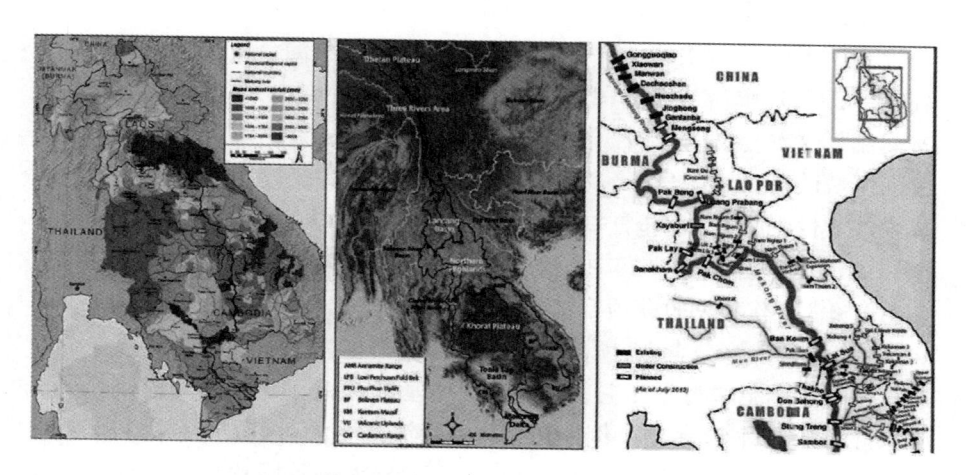

图1 湄公河流域降水量(年度)、地貌、地形与大坝项目

资料来源:http://mekongriver.info/mekong-basin.

http://www.mrcmekong.org/assets/Graphics-Maps/About-mekong/topo-phys JPG.

http://thanhniennews.com/society/thousands-sign-petition-against-mekong-dam-construcyion-53594.html.

泰国需要来自中国与老挝更多的电力供给,以及将湄公河支流水源引入泰国东北地区,供应农业部门的灌溉用水和制造业部门的工业用水。柬埔寨境内湄公鱼类和水生生物资源很丰富,因此希望澜沧江—湄公河流域尽可能少建大规模水坝和灌溉系统。越南选择在其中部的湄公河流域建立许多大坝,但反对在湄公河干流上建立大坝,因为这会对其南部湄公河三角洲的农业和水产养殖业产生负面影响。[①]

然而,每个国家的开发活动,例如水坝建设和航道改善,都会对流域内的环境以及社会文化造成冲击。这些冲击源于人口增长带来的压力、气候变化与其他竞争性需求与利益,例如城市化、工业化和农业集约化,由此增加了流域内各国的冲突与对峙的风险。大湄公河次区域已有许多合作框架,但是只有在澜湄合作这样的新型合作框架中,中国才发挥着重要的

[①] Bunny Yorth, "International Mekong River Basin: Events, Conflict or Cooperation, and Policy Implications", *Water Policy*, 2014.

作用。中国国务院总理李克强在 2014 年 11 月 24 日召开的第 17 届中国—东盟峰会上提议建立澜湄合作框架,是对泰国早前(2012 年)提出的澜沧江—湄公河次区域可持续发展倡议的回应。①

2016 年 3 月首次澜湄合作领导人会议宣布,澜湄合作机制包括三大支柱,即:(1)政治与安全;(2)经济与可持续发展;(3)社会文化与人文交流。这次会议以"同饮一江水,命运紧相连"为主题,集中讨论大湄公河区域政治、经济合作、安全、环境与文化等广泛议题。会议达成三项成果性文件:(1)《澜沧江—湄公河合作首次领导人会议三亚宣言》(以下简称《三亚宣言》);(2)《澜沧江—湄公河国家产能合作联合声明》;(3)《澜湄合作早期收获项目清单》。

《三亚宣言》包含 26 项具体的务实合作措施,涵盖打击非传统安全威胁,例如跨国犯罪与恐怖主义、提升交通基础设施互联互通等领域。早期收获计划项目有 40 多项,例如在湄公河干流建立水利用监测系统和信息中心,促进成员国之间开展合作项目。与会领导人一致同意每两年举办一次澜湄领导人会议,每年举行一次澜湄外长会议,以实现政策规划和加强合作协调。

与此同时,中国政府宣布建立"澜湄合作基金",为"陆上东盟"五国提供数十亿人民币的优惠贷款,并在接下来的 3 年里提供 1.8 万人次的奖学金和 5000 个来华交流培训名额。② 中国试图与东盟建立更为紧密的政治、经济与社会合作,这些行动的一个重要目的是增加中国与东盟国家间的信任,提高其在东南亚的影响力。

2013 年 9 月以来,中国国家主席习近平在访问中亚与东南亚国家期间,先后提出建立"丝绸之路经济带"与"21 世纪海上丝绸之路"的倡议,简称"一带一路"倡议。这一构想得到国际社会的高度关注。中国国务院总理李克强也于 2013 年参加中国—东盟博览会时强调,"一带一路"倡议开创中国—东盟"海上丝绸之路"新篇章,创造战略性支点,促进东

---

① 《李克强在第十七次中国—东盟(10+1)领导人会议上的讲话》,新华网,2014 年 11 月 14 日,http://news.xinhuanet.com/world/2014-11/14/c_1113240171.htm,登录时间:2016 年 12 月 3 日。

② SGT,"China Woos Mekong States with Loan Pledges",*The Straits Times*,24 March,2016,http://www.straitstimes.com/asia/se-asia/china-woos-mekong-states-with-loan-pledges,登录时间:2016 年 12 月 4 日。

盟发展。① 伴随着"一带一路"的倡议，中国强调周边国家的稳定。"陆上东盟"国家与中国有着紧密的关系。中国参与澜湄合作表明，中国试图解决其与大湄公河次区域国家的问题，尤其是近期已经成为主要问题的水资源矛盾。南海争端已经影响了中国在东盟国家的声誉，而澜湄合作包含很多合作领域，不只限于传统的贸易领域，中国可以通过多方面的合作来构建信任关系。这不仅能建立中国与"陆上东盟"国家的信任，还能发展稳定的关系。

此外，从中国的"一带一路"倡议中可以看出东盟在这一构想中的重要地位。2015 年 3 月，中国发布《推动共建丝绸之路经济带与 21 世纪海上丝绸之路的愿景与行动》，提出建立中国—中南半岛经济走廊，尤为强调与东盟国家的贸易路线方向。② 中南半岛与中国陆上相连，在这片相连的区域上，澜湄合作机制建成跨国运输网络，连接云南省，以及"海上丝绸之路"串联起的越南、柬埔寨、泰国和缅甸的主要海岸港口，形成联通的便利，这将强化中国—东盟贸易与工业合作。通过这个联通中国还能够建立陆路印度洋交通大通道。当这个新型多元模式联运网路建成后，中国还可将经济利益扩展至南亚、西亚地区。

除了中国之外，日本和美国对大湄公河次区域也有着深刻的影响。2009 年 7 月 23 日，时任美国国务卿希拉里·克林顿与包括泰国、柬埔寨、老挝与越南四国的湄公河下游国家外交部部长在泰国普吉召开会议，讨论实施"湄公河下游计划"（LMI）。会上，五国外长一致同意提升在环境、健康、教育与基础设施建设领域的合作。自此，这五个国家寻求加强在这些领域的合作，形成共同的利益。2012 年 7 月，缅甸正式加入该机制。"湄公河下游计划"由 6 个支柱职能组成：（1）农业与食品安全；（2）基础设施互联互通；（3）机构与社区；（4）教育与健康；（5）能源安全；（6）环境与水。自 2009 年"湄公河下游计划"实施以来，美国已经向这个计划的项目提供了超过 1 亿美元的资金。在 2015 财政年度，美国对该计

---

① 潘强：《中国—中南半岛国际经济走廊将普惠沿线国家》，新华网，2015 年 09 月 18 日，http://news.xinhuanet.com/fortune/2015-09/18/c_1116610908.htm，登录时间：2016 年 12 月 4 日。

② Winnie Tsui, "The ASEAN Link in China's Belt and Road Initiative", *Hong Kong MEANS BUSINESS*, 30 September 2015, http://hkmb.hktdc.com/en/1X0A3UUO/hktdc-research/The-ASEAN-Link-in-China%E2%80%99s-Belt-and-Road-Initiative，登录时间：2016 年 12 月 4 日。

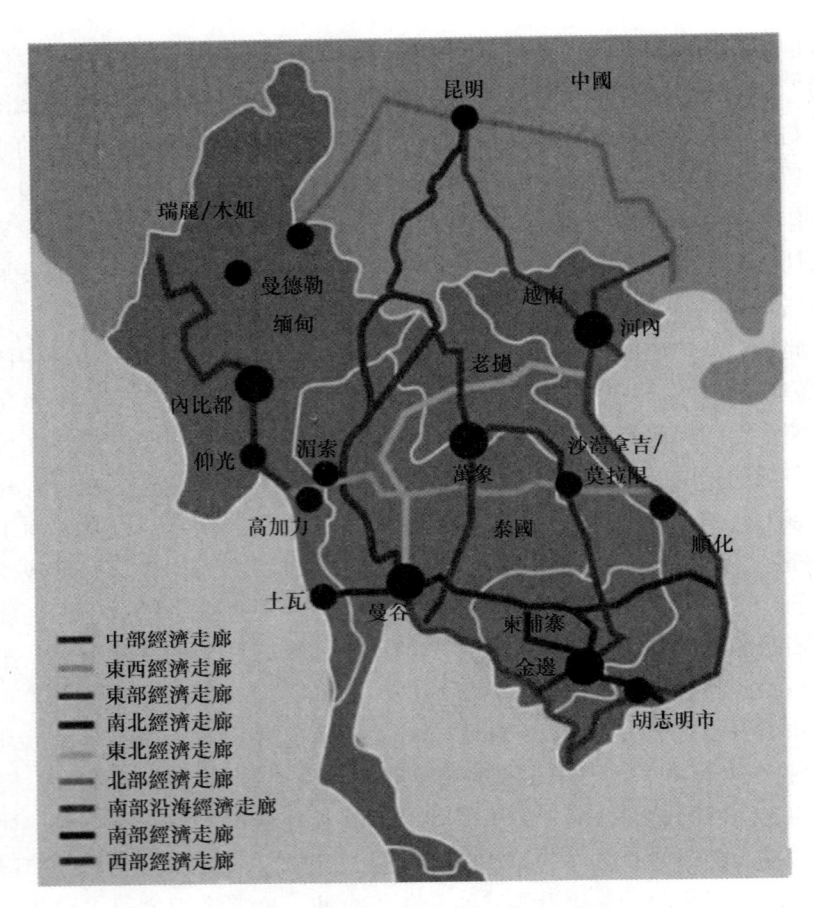

图 2　东盟连接中国"一带一路"倡议

资料来源：http://economists-pick-research.hktdc.com/business-news/article/Research-Articles/The-ASEAN-Link-in-China-s-Belt-and-Road-Initiative/rp/en/1/1X000000/1X0A3UUO.htm.

划成员国所有部门的双边援助达到 2.85 亿美元。① "湄公河下游计划"的目标不仅是促进区域均衡、可持续与包容性的经济增长，还服务于美国更为宏大的目标，即紧密的区域合作，由此减少中国影响的扩展。类似于美国的这种外部介入，在某种程度上已经刺激中国更为关注大湄公河次区域。

---

① "Lower Mekong Initiative FAQ's"，http://www.state.gov/p/eap/mekong/faq/index.htm，登录时间：2016 年 12 月 5 日。

日本基于经济与外交的因素，也自20世纪90年代起积极参与大湄公河次区域的发展。日本与湄公河流域国家之间建立新的对话关系的设想于2007年提出，2008年1月在东京举行的外长会议上得以正式开展。2009年9月，日本—湄公河国家首届峰会在东京举行，在会上，日本与大湄公河次区域国家的政府首脑发布了《东京宣言》，以及"湄公河—日本63项行动计划"，[①]议定举行年度领导人峰会，定期召开外交部长会议、经济部长会议，以及年度高官会议。由此，日本与湄公河国家的合作迅速制度化。与此同时，日本是大湄公河次区域合作（GMS）的主要支持国家。大湄公河次区域合作（GMS）由亚洲开发银行（Asian Development Bank, ADB）于1992年主导建立，旨在加强中国云南与柬埔寨、老挝、缅甸、泰国与越南的经济联系与合作，中国广西壮族自治区于2004年加入其中。大湄公河次区域合作机制主要致力于促进经济与基础设施的发展，包括交通体系和其他经济网路与走廊、能源网路和电力连接、货物与人员的跨境流动、电信连接等，以最终实现大湄公河次区域一体化。[②]日本通过支持亚洲开发银行帮助区域内国家发展项目，增加在该区域的影响力。

美国和日本在大湄公河次区域的强大影响力促使中国在该区域支持运行新的合作框架。中国高度支持澜湄合作机制，似乎要在该机制中发挥"领导"的作用。这表明中国非常重视"陆上东盟"国家，并需要在该区域制衡美国和日本的影响力。

二 机遇与挑战

由于中国经济持续增长，类似澜湄合作的新机制将会为中国与次区域国家提供新机遇。首先，"陆上东盟"区域是中国"一带一路"倡议的重点地区，尤其是"21世纪海上丝绸之路"的重要区域。众多基础设施和投资项目在这个合作区域进行和开展，因此，中国"一带一路"倡议需要"陆上东盟"国家的积极支持和参与。该区域新的合作将赋予中国发展与区域内国家关系的新机遇，并提供实施"一带一路"倡议的新平台。

[①] The Tokyo Declaration of the First Meeting between the Heads of Government of Japan and the Mekong Region Countries, Ministry of Foreign Affairs, Tokyo, 7 November, 2009.

[②] "Overview of the Greater Mekong Subregion", ASIAN DEVELOPMENT BANK, http://www.adb.org/countries/gms/overview，登录时间：2016年12月5日。

在高投资、强出口导向与能源密集型制造业的战略下，中国经济已经持续保持30年的高速增长。目前，中国已经接受经济增速放缓的现实，中国经济步入结构性调整的"新常态"阶段，能够实现促进社会分配与环境保护的低速但高质量的经济增长。之前经济高速增长与低回报的投资、产能过剩、污染、不平等加剧、社会消费投资不足（尤其在环境、健康与教育方面）密切相关，因此，新型经济模式强调由重工业投资向服务业为主的国内消费主导的经济平衡增长转型，强调以创新为提高生产效率和提升全球价值链地位的重要手段，强调减少不平等，尤其是城乡和区域不平等，强调环境可持续发展。面对"新常态"，中国必须改革所有的经济结构，同时加强国际合作。澜湄合作将加强中国与"陆上东盟"国家的关系与合作，帮助中国经济实现可持续与稳定发展。

然而，大湄公河次区域澜湄合作这样的新机制正面临新的挑战。促进合作成功的最为重要因素是中国与"陆上东盟"国家的"信任构建"。该区域的"信任危机"成为所有合作努力的障碍。中国与大湄公河次区域国家的紧张局势很可能源于以下因素：第一，权力不均衡，强国与弱国之间存在忧惧情绪。部分成因是中国经济高速增长这一奇迹般的现象，经济连续15年以上保持超过10%的增长速度，导致权力不对称，引发增速较慢经济体的警惕。许多东盟国家正处于这样的位置，对中国的各种项目持戒备态度。例如，把"一带一路"倡议、亚洲基础设施投资银行（Asian Infrastructure Investment Bank，AIIB）等，视为中国利用区域合作牟取更多利益的工具。再加上大湄公河次区域国家的中小企业要想成功进入中国市场还面临许多困难和诸多阻碍，这就造成了域内国家对中国普遍疑虑的氛围。这种疑虑还伴随着一种担忧，就是即便能够互惠，也不一定能实现合作各方对经济收益的平等共享。

第二，众多问题上的错觉加剧相互间误解。其中两个问题影响巨大，一个是冷战记忆给彼此烙下邪恶与危险的印象；另一个问题则与南海争端有关，一些"陆上东盟"国家视中国为挑衅的一方，而中国对其行动解释为是为航行安全与贸易便利化建立基本的基础设施。

第三，国际与国内政治与政策。该区域的许多国家政治上与域外经济强权捆绑在一起，而域外大国也时刻准备着介入区域内的政治事务与南海争端。

第四，身份认定偏差。在"陆上东盟"国家有众多的华人后裔，还有取得较高社会、经济、金融与政治地位的来自中国的移民。随着时间推移，华裔已经融入所在国家。然而，在很多情况下中国仍然把他们视为本国公民，视为能够保卫中国利益的代理人。而受到这种偏颇的身份认定的，还包括海外越南人，和居住在泰国、东南亚邻国和中国南部以及印度东北部的广义泰语族人。

三 从"信任危机"到一个"可持续的信任建构过程"

既然"信任危机"已经成为泰国、中国和其他"陆上东盟"国家的严重问题，那么澜湄合作要实现有效的合作，就需要解决"信任危机"。构建信任体系极为紧迫，我们可以采取以下促进合作与构建信任的步骤，以实现长期可持续的发展。

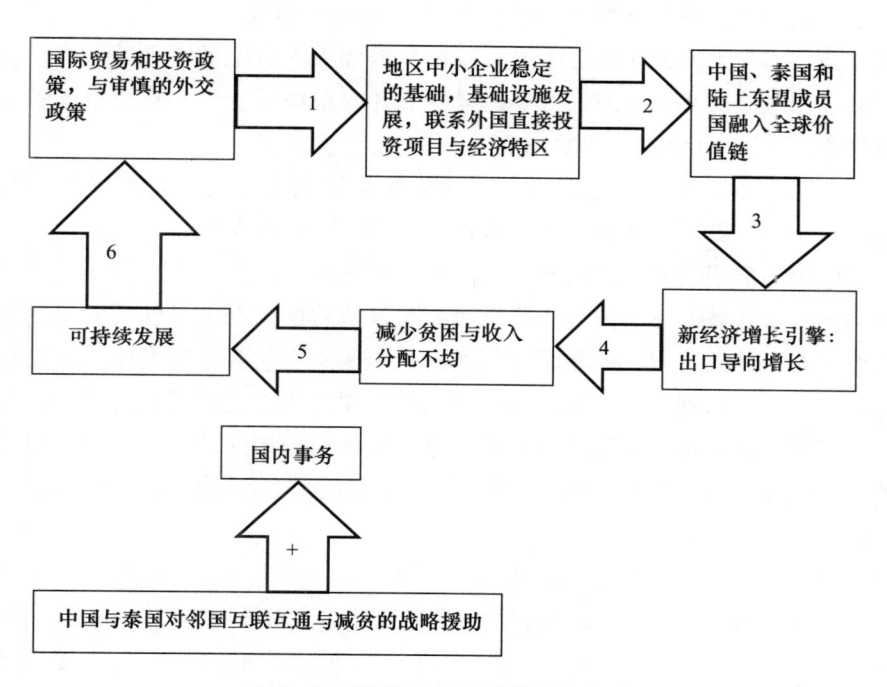

图3 国际贸易与可持续发展的关联

资料来源：泰国朱拉隆功大学经济系与曼谷贸易与发展国际研究院。

本研究所采用的"陆上东盟"国家国情信息和研究成果，来自于采用

PESTEL 模型（包含政治、经济、社会、技术、环境与法律因素）的分析，以及在"陆上东盟"五国开展深度访谈与头脑风暴等调研（受泰国曼谷贸易与发展国际研究院资助）。通过分析这些成果，研究人员发现澜湄区域存在积极发展的空间。虽然每个国家都有各自的政策需要制定，有自身的事务需要管理，而国家政策的实质在于解决贫困与不平等的问题，一旦遭到邻国直接的政策干预，这些问题便可能导致国际关系紧张。但尽管如此，从相互贸易过渡到共同的可持续发展还是有可能的。

尽管国家对内发展政策具有这样的内在特征，研究人员确信，如果国际贸易与投资政策有审慎的外交政策作为支撑，能够为区域与地方中小企业提供稳固的基础，刺激基础设施开发，使对外直接投资项目与经济特区对接，那么，当这些基础得到加强，中国、泰国与相邻的"陆上东盟"伙伴将能够融入全球价值链，然后成为区域出口导向增长的重要动力。加以适当的维持与监管，这样的经济增长结合减贫与消除不平等的外来援助，能够使中国与大湄公河次区域国家减少贫困和收入分配的不平等。当这一目标实现时，这些质的因素将呈现螺旋上升的态势吸引更多高质量的贸易与投资进入这一区域。（参见图3）

在这方面，为了实现澜湄次区域减贫与促进实际的可持续发展的目标，对中国与泰国在区域层面上的政策建议，主要总结为以下几点：

中国与泰国需要通过改变其人民的思维来推进合作进程。就是说，应将澜湄合作区域的邻居视为新的机遇而不是威胁的来源，是获得双赢的潜在伙伴而不是敌对方。就此而言，互联互通在所有的合作维度中都十分重要：通过改善基础设施和物流相关的系统实现的物理性联通；通过协调规则、监管与标准达成的制度性联通；通过包括信任构建的多层面措施建立的人员联通。这些互联互通是大湄公河次区域国家实现共同成功的关键。（参见图3中的箭头1）

为了坚定地将泰国建成成熟的贸易国，和"陆上东盟"区域重要的枢纽，一个紧要的事务是减少贸易中非关税政策（Non-tariff Measures，NTMs），直至最终废除，并重新定义政府部门和公共机构的角色，实现从"监管者"到"推动者"的角色转变。一个重要举措是通过促进贸易便利化（Trade Facilitations，TFs）来创建贸易与友好投资环境。（参见图3中的箭头1和箭头2）

政策执行与贸易谈判之前，应该首先咨询可能会受政策变化影响的利益攸关方与商业团体，还应该通过头脑风暴与听证等方式，聆听和考虑他们的意见和建议。在重大政策调整之前，需要考虑完整的供应链。供应链（或价值链）的参与者应该参与到政策的形成过程中。（参见图3箭头1）

为确保澜湄区域可持续发展与不平等问题和贫困问题的实际减少，一个重要的措施是促进生产要素以及中间和最终货物与服务的流动。毫无疑问，需要适当的监管措施，以便阻止跨国犯罪活动、人口贩卖以及其他危害性行为带来的安全问题与犯罪威胁，但简化边境政策与促进要素流动同样重要，这将有利于减少成本与文件手续，促进贸易。（参见图3箭头1）

中国与泰国政府部门在支持中小企业方面的作用不言而喻。目前各个机构或实体的职责重叠，公共机构需要整合各种程序，使其形成统一的商业孵化体系，这种结构将有利于对中小企业提供援助与支持。已必须考虑中国与泰国的中小企业长期的发展，以使中小企业可以与邻国的公私机构务实高效地结成商业伙伴，持续获得实际的成果。单纯追求数量和短期获益的传统商业项目（缺乏中长期程序）亟待向更为实用的体系更新，新体系以质量、长期获益为导向，连接中国、泰国以及其他邻国和其经济机构，创造更为稳定的地区价值链。（参见图3箭头1、箭头2）

必须战略性地对邻国的贸易、投资、贸易收益以及机遇与威胁等方面的信息进行宣传，并建立一个高效的信息管理体系。因为一些邻国的经济正在发生巨大的变化，法律与规则调整频繁，战略性的信息传播和高效的管理能够减少信息场中的冗余与混乱，为希望投资或参与邻国经济的企业提供准确、最新的和可靠的信息。（参见图3箭头1、箭头2）

中国、泰国在对邻国互联互通、减贫方面的援助战略需要形成系统性和战略性协同，这可以避免工作成果被稀释、方向被扭曲，并能够提高受援国国民的意识动力。这些举措将促进减少贫困与不平等的务实进程（尤其在一些"陆上东盟"国家尚未坚定制定减少贫困与不平等的国家发展规划的情况下）。要对一个"陆上东盟"成员国提供援助，必须结合提高透明度和良好治理（善治）等措施，还应该采用务实的指标，以便真实反映贫困和不平等减少的程度。并且，不同的国家因具体国情对弱势群体的界定不同，例如在缅甸与老挝，弱势群体里有很多的少数民族，而在柬埔寨受援助的主要是贫困和近于贫困的人口，因此，需要清晰地界定接受援助者，以确保弱势群体与面临风险的边缘人群真正地获得帮助。（参见图3箭头4、箭头+）

中国与泰国的货币政策应该考虑对邻国的潜在影响，尤其是在中国的人民币成为新的国际结算货币的情况下。由于中国与泰国通过边境贸易和投资流动联结了其他"陆上东盟"国家，货币政策就可能对这些国家的实体与货币部门产生影响，造成汇率波动。因此，尽管寻求最终建立类似欧元区单一货币联盟并不是东盟当前的利益诉求，我们依然不能忽视高效而可靠的区域跨境支付系统的重要性，忽视地区经济的相互联系。另外，促进中国与泰国银行与金融机构的稳定与高效的政策能够为相关国家创造更多的利益，因为这类政策能够为创新型金融服务的提供者和期待参与邻国经济的企业铺平道路。这将加强区域和全球价值链，通过提升高效的金融服务促进经济与收入可持续增长，与提高地方经济的普惠金融目标相一致。（参见图3箭头1-4）

私营部门以参与公私伙伴关系（Public Private Partnerships，PPPs）的形式在促进发展中发挥作用，这是另一种应该得到鼓励的机制。无论如何应该记住，这种机制中最为重要的因素就是在不同参与国之间、不同国民之间以及公私部门之间进行公平均衡的经济利益与其他利益的分配。（参见图3箭头1-4）

中国、泰国与其他"陆上东盟"国家需要强大的贸易战略，各国需要在贸易协议和贸易自由化相关事务上发挥更显著的作用，而这些事务涵盖的议题范畴超过投资与贸易。澜湄合作成员国家亟须理解和掌握高标准和综合性的贸易协议。这些协议包括但不限于区域全面经济伙伴关系协定（Regional Comprehensive Economic Partnership，RCEP）、东盟+6、跨太平洋伙伴关系协定（Trans-Pacific Partnership Agreement，TPP）、亚太自由贸易协议（Free Trade Agreement of Asia-Pacific，FTAAP）和东盟2025框架。对影响、成本与收益进行适当且充分的评估十分必要，这将需要所有部门（政府、私人部门、人们和学术机构）的强力参与，以可靠的学术研究成果为依据。参与国际贸易的首要目的应该是增进人民的福祉与利益，这是任何贸易与投资协议的最为重要的目标。

尽管泰国商品因物美价廉在邻国享有品牌知名度和接受度，但应该注意的是，这可能会在邻国的资源消耗、投资、对当地企业的影响以及民族主义情绪等方面产生负面的经济或政治效应，从而影响经济增长和国家关系。因此，企业家应该认真地履行企业社会责任（Corporate Social Responsibility，CSR），结合开展公共关系活动，让邻国的消费者了解，促进贸易的初衷是互惠而非剥削。企业与消费者之间应该达成理解，即贸易与投资通常能够提供增长机会，缓解经济困难，提高民间互惠，促进东道国与投资来源国的可持续发展。（参见图3箭头1-5）

综上所述，中国与"陆上东盟"国家面临共同的威胁，尤其是在开发水资源促进经济增长方面存在利益冲突。对此，提升澜湄机制合作水平的下一阶段任务不只是要解决当前维护区域和平的问题，还要实现切实而长远的目标，即六国间实现互利共赢和共同发展，建立一个互助、和平的共同体，促进经济增长和可持续发展。民间的互联互通将是应对这个挑战的关键。

Lancang-Mekong Cooperation：From "Trust Crisis" to "A Sustainable Trust Building Process"

Chayodom Sabhasri   Piti Srisangnam

Abstract In 2014, China supported Thailand's proposal to initiate a new cooperation framework for Lancang-Mekong Sub-region countries. The first leaders' meeting was held in Sanya, China in March 2016. The Lancang-Mekong cooperation (LMC) included China and five countries from "Main Land ASEAN": Thailand, Cambodia, Lao PDR, Myanmar and Vietnam. This article places the discussion on why China has a strong intention to support this framework. From Thailand's perspective, the LMC is currently facing new challenges and opportunities for China and the Mekong Sub-region countries on sustainable development, especially in the management of the trans-boundary river system and natural resources. To make this cooperation an effective framework still needs every country's participation, especially in developing "trust building" among them.

Key Words Lancang; Mekong; China; ASEAN; Trust Building

Authors Chayodom Sabhasri, Faculty of Economics, Chulalongkorn University of Thailand; Piti Srisangnam, ASEAN Studies Center, Chulalongkorn University of Thailand.

深化澜湄合作的机遇、挑战与对策

李晨阳　杨祥章

【摘要】2016年3月启动的澜湄合作是中国与湄公河国家共同倡导的新型次区域合作机制，也是"一带一路"建设的有机组成部分，对中国与周边国家的合作起着示范作用。澜湄合作开展一周年来，合作成效显著。推进澜湄合作面临着重要的历史机遇，也需要应对诸多挑战。要使澜湄合作真正成为亚洲命运共同体建设的"金字招牌"，中国必须要坚持贯彻"亲、诚、惠、容"的周边外交理念，在坚持务实高效的同时，创新推进澜湄合作的思维和理念。

【关键词】澜湄合作　机遇　挑战

【基金项目】国家社会科学基金项目"东南亚安全格局对我国安全战略影响及对策研究"（15ZAD064）；云南省哲学社会科学规划青年项目"中老铁路建设的风险控制及对策研究"（QN2016031）。

【作者简介】李晨阳，云南大学社会科学处处长、缅甸研究院院长、周边外交研究中心研究员，博士生导师；杨祥章，云南大学周边外交研究中心、缅甸研究院助理研究员，云南大学—新加坡国立大学联合培养博士生。

澜沧江—湄公河是连接中国云南与中南半岛越老缅柬泰五国的跨境河流，该流域也是中国与周边国家最早开展区域合作并取得显著成效的地区。2014年11月13日，李克强总理在缅甸首都内比都举行的第17次中国—东盟（10+1）领导人会议上提出，"为促进东盟次区域发展，中方愿积极响应泰方倡议，在10+1框架下探讨建立澜沧江—湄公河对话合作机制（以下简称澜湄合作）"①。2015 年 12 月 12 日，第一届澜湄合作外长会议在云南景洪召开。2016 年 3 月 23 日，首届澜湄合作首脑会议在海南召开，标志着澜湄合作机制的正式启动。在中国全力推进"一带一路"倡议的背景下，澜湄合作可谓是这一倡议的有机组成部分，并扮演着先锋和旗舰项目的角色。澜湄合作开展一周年来取得了"天天有进展，月月有成果"的佳绩。在充分展现"澜湄速度"和"澜湄效率"的同时，澜湄合作在成为亚洲命运共同体建设"金字招牌"的路途上也面临着机遇与挑战。

一 推进澜湄合作面临重大机遇

作为由中国和湄公河国家共同倡导、共同推进的新型次区域合作机制，澜湄合作面临周边外交在中国总体外交中的地位上升、"一带一路"的提出与实施、东盟一体化进程迈入新阶段、湄公河国家普遍支持和中国综合国力提升可以提供更多公共产品等方面的重大机遇。

（一）周边在中国总体外交中的地位上升

21 世纪以来，中国的周边外交政策随着形势的变化在不断调整，在核心理念得到继承的同时，内涵也在不断丰富和发展，更好地表达了崛起的中国愿意与周边国家共同发展的意愿。② 从总体上看，周边在中国整体外交中的重要地位更加突出。

2013 年 10 月 24—25 日，中国召开首次周边外交工作会议。这次会议确定了周边外交的战略目标、基本方针和总体布局，使周边外交的顶层设计更加明确。习近平主席在会议上提出了"亲、诚、惠、容"的周边外交理念，并强调要坚持睦邻友好，全面发展同周边国家的关系，让命运共同

---

① 《李克强在第十七次中国—东盟（10 + 1）领导人会议上的讲话》，新华网，2014 年 11 月 14 日，http://news.xinhuanet.com/world/2014 - 11/14/c_ 1113240171.htm，登录时间：2017 年 1 月 20 日。
② 李晨阳、杨祥章：《论 21 世纪以来中国与周边发展中国家的合作》，《国际展望》2017 年第 2 期，第 7 页。

体意识在周边国家落地生根。① 2014 年 11 月,习近平主席在中央外事工作会议上强调,要秉持"亲、诚、惠、容"的周边外交理念,坚持"与邻为善、以邻为伴,坚持睦邻、安邻、富邻"。② 中国已经形成"大国是关键、周边是首要、发展中国家是基础"的总体外交布局。澜湄合作是对中国与周边国家建设命运共同体的积极响应,也是中国新时期周边外交政策的具体实践。2016 年 2 月召开的首届澜湄合作领导人会议就以"同饮一江水,命运紧相连"为主题。中国《2017 年政府工作报告》提出,要"着力营造睦邻互信、共同发展的周边环境"③,这也是中国实现"两个一百年"目标的客观需求。在中国与日本、印度及部分东盟国家的领土领海主权归属问题短期难以解决的同时,朝鲜半岛的紧张局势因朝鲜核试验和韩国部署萨德反导弹系统而升温。较好的前期合作基础以及相对平和的地区形势使澜湄合作被赋予了成为亚洲命运共同体"金字招牌"的使命。

(二)"一带一路"倡议的提出和实施

2013 年 9 月和 10 月,中国国家主席习近平在出访中亚和东南亚国家期间,先后提出共建"丝绸之路经济带"和"21 世纪海上丝绸之路"(以下简称"一带一路")的倡议,并得到国际社会的高度关注和积极响应。当前,与沿线国家共建"一带一路"已经从初步构想上升为中国新时期的对外开放战略,许多相关项目已经开始实施。澜湄地区是"一带一路"的重要组成部分,湄公河国家是中国共建"一带一路"的重要合作伙伴。

2015 年 3 月,中国国家发改委、外交部和商务部联合发布了《推动共建丝绸之路经济带和 21 世纪海上丝绸之路的愿景与行动》,为"一带一路"建设描绘了宏伟蓝图。文件提出,中国将以政策沟通、设施联通、贸易畅通、资金融通、民心相通为主要内容开展合作,陆上依托国际大通

---

① 《习近平:让命运共同体意识在周边国家落地生根》,新华网,2013 年 10 月 25 日,http://news.xinhuanet.com/politics/2013-10/25/c_ 117878944.htm,登录时间:2017 年 1 月 20 日。

② 《习近平出席中央外事工作会议并发表重要讲话》,新华网,2014 年 11 月 29 日,http://news.xinhuanet.com/politics/2014-11/29/c_ 1113457723.htm,登录时间:2017 年 2 月 10 日。

③ 《2017 年政府工作报告》,中国政府网,2017 年 3 月 16 日,http://www.gov.cn/premier/2017-03/16/content_ 5177940.htm,登录时间:2017 年 2 月 10 日。

道，以重点经贸产业园区为重要内容，发挥中国—东盟"10+1"、大湄公河次区域（Greater Mekong Sub-regional Economic Cooperation，GMS）经济合作等现有多边合作机制以及中国—东盟博览会、中国—南亚博览会等平台的积极作用，共同打造中国—中南半岛经济合作走廊，进一步推动孟中印缅经济走廊合作取得更大进展。该报告还特别提出，要打造大湄公河次区域经济合作新高地。澜湄地区是"一带一路"中的重要节点，是21世纪海上丝绸之路与丝绸之路经济带的交汇点，更是中国—中南半岛经济走廊的核心区，"一带一路"建设需要湄公河国家的积极参与，也意味着澜湄合作可以得到相关政策支持。

（三）东盟一体化建设迈入新阶段

2015年12月31日，时任轮值主席国马来西亚外长阿尼法发表声明，宣布以政治安全、经济及社会文化为三大支柱的东盟共同体正式成立，标志着东盟一体化建设迈上新台阶。但正如其声明所言，东盟共同体的成立不意味着东盟共同体建设进程的结束，而只是开始。[①] 换而言之，东盟一体化建设依然任重道远。

东盟成员国的政治、经济、文化多元化，尤其是柬埔寨、老挝、缅甸、越南4个新成员国与老成员国之间的发展差距，是东盟共同体建设中亟待克服的障碍。东盟已经意识到该问题，并寻求多渠道解决途径。2015年11月，第27届东盟首脑人会议通过了《东盟2025：携手前行》（ASEAN 2025: Forging Ahead Together）愿景文件，描绘了东盟共同体2025年蓝图，为东盟未来十年的一体化进程指明了方向。该文件也提出，在充分调动东盟内部资源和力量的同时，继续推动东盟东部增长区、印马泰增长三角、湄公河次区域合作，扩大人文交流、加强机制对接和基础设施互联互通，缩小成员国发展差距；加强与外部伙伴的联系，争取外部支持，以实现2025年共同体愿景。[②] 作为东盟重要的外部合作伙伴，中国对东盟

[①] 《马来西亚外长宣布东盟共同体正式成立》，中华人民共和国商务部，2016年1月5日，http://www.mofcom.gov.cn/article/i/jyjl/j/201601/20160101227290.shtml，登录时间：2017年2月14日。

[②] ASEAN 2025: Forging Ahead Together, November 2015, http://asean.org/? static_post=asean-2025-forging-ahead-together，登录时间：2017年2月14日。

共同体建设持支持态度。澜湄合作确定的三大支柱为政治安全、经济和可持续发展、社会人文,与东盟共同体的三大支柱完全契合;合作初期的互联互通、产能、跨境经济、水资源和农业减贫合作五个优先领域有利于缩小东盟新老成员国之间的发展差距。澜湄合作顺应了东盟共同体建设的需求,也得到了中国与东盟的共同认可。2016 年 9 月发布的《第 19 次中国—东盟领导人会议暨中国—东盟建立对话关系 25 周年纪念峰会联合声明——迈向更加紧密的中国—东盟战略伙伴关系》重申了中方支持东盟一体化进程及实现《东盟 2025:携手前行》目标的努力,对澜湄合作的开启表示欢迎,愿意在澜湄合作、大湄公河次区域经济合作等相关次区域合作框架下加强合作。

(四) 湄公河国家对澜湄合作的欢迎

湄公河流域国家大多面临基础设施薄弱、资金缺口较大、贫困人口多的发展难题。联合国 2016 年 5 月公布的最不发达国家名单中,柬埔寨、老挝和缅甸 3 个湄公河国家依然在列。[1] 民众对发展的渴望以及经济全球化和区域一体化的外部拉力又使得湄公河国家不得不加快工业化和现代化的步伐。外部的资金和技术支持不可避免地成为湄公河国家发展的主要动力之一,而澜湄合作可以为湄公河国家带来更多的外部支持。

对湄公河国家而言,中国不仅是重要的贸易伙伴,也是主要外资来源国,甚至是最大的外资来源和贸易伙伴。中国为湄公河国家提供了大量的资金和技术援助,如援助老挝建设国际会议中心和通信卫星地面站,援助缅甸建设气象观测站和举办 2013 年东南亚运动会等。21 世纪以来,中国还先后多次减免部分周边发展中国家的到期债务,为其经济发展减负。例如,2016 年 10 月,中国与柬埔寨签署了《免除柬埔寨政府到期债务的协议》。[2] 澜湄合作的主要目标之一就是促进次区域各国共同发展、共同繁荣。因此,澜湄合作一经提出就得到了各国的积极响应。正是在各国的大力支持和参与下,澜湄合作启动一周年的时间内已召开过一次领导人会

---

[1] 参见 Committee for Development Policy, UN, "List of Least Developed Countries (as of May 2016)", http://www.un.org/en/development/desa/policy/cdp/ldc/ldc_ list.pdf.

[2] 李晨阳、杨祥章:《论 21 世纪以来中国与周边发展中国家的合作》,《国际展望》2017 年第 2 期,第 8 页。

议、两次外长会议、四次高官会议和五次外交工作组会议，五个优先合作领域的联合工作组相继成立，合作成果倍出。

（五）中国综合国力的提升

除泰国外，柬埔寨、老挝、缅甸、越南等国家的经济发展水平总体比较落后，缺乏改善基础设施建设所需的资金和技术。中国综合国力的提升，尤其是对外投资能力的增强，可以为澜湄合作提供更多资金支持，形成更大的推动力。

根据中国商务部《2015年度中国对外直接投资统计公报》，2015年中国对外直接投资达1456.7亿美元，占全球当年对外直接投资流量的9.9%，首次位列全球第二位，并超过同期吸引的外资水平，实现双向直接投资项下的资本净输出。此外，2015年末中国对外直接投资存量达到了10978.6亿美元，占全球外国直接投资流出存量的4.4%，较上年提升1个百分点。[①] 2015年，中国对东盟直接投资流量首次突破百亿美元，达到146.04亿美元，同比增长87%；2015年末对东盟投资存量为627.16亿美元。[②] 为打破资金短缺瓶颈，推动"一带一路"建设，中国先后发起建立亚投行和丝路基金，为包括湄公河国家在内的"一带一路"沿线国家基础设施、资源开发、产业合作和金融合作等与互联互通有关的项目提供金融支持。在首次澜湄合作领导人会上，李克强总理宣布中国将设立澜湄合作专项基金，今后5年提供3亿美元支持6国提出的中小型合作项目；并表示中方愿设立100亿元人民币优惠贷款和100亿美元信贷额度，用于支持澜湄地区基础设施建设和产能合作项目；在湄公河国家优先使用2亿美元南南合作援助基金，帮助5国落实联合国2030年可持续发展议程所设定的各项目标。[③] 目前，亚投行和丝路基金均已开始运转，澜湄合作专项基金已启动项目申请，人民币优惠贷款框架和美元信贷额度正在逐步落实。

---

① 中华人民共和国商务部、统计局、国家外汇管理局：《2015年度中国对外直接投资统计公报》，中国统计出版社2016年版，第3—4页。
② 同上书，第29页。
③ 《李克强在澜沧江—湄公河首次领导人会议上的讲话》，新华网，2016年3月23日，http://news.xinhuanet.com/world/2016-03/23/c_1118421752.htm，登录时间：2017年2月15日。

二 推进澜湄合作面临的挑战

尽管中国、湄公河国家和整个东盟的总体政策对澜湄合作下阶段的发展都是利好的，但澜湄合作的推进同样面临不容忽视的问题。

（一）澜湄地区多边合作机制众多

澜湄合作启动之前，该地区就已经同时存在数个多边合作机制。如何妥善协调与其他多边合作机制的关系是澜湄合作需要直面的问题。

在原有的多边合作机制中，既有中国积极参与、由亚洲开发银行（以下简称亚行）主导的大湄公河次区域合作机制，也有中国被排斥在外的湄公河—恒河合作倡议（印度主导）、湄公河下游倡议（美国主导）、日本—湄公河首脑会议（日本主导）等。众多合作机制并存是域外大国在该地区激烈竞争的体现，也表明一些湄公河国家采取大国平衡政策，力图从大国竞争中谋取自身利益的最大化。此外，还有次区域国家自主建立的其他机制，如中老缅泰四国毗邻地区的"黄金四角经济合作"。[①] 这些合作机制发挥了不同的功能，满足了多层次的需求和各方利益。澜湄地区合作机制众多给澜湄合作机制带来了两方面的困扰。一方面，虽然澜湄合作与GMS合作机制可以互补，但两者在合作领域和制度安排上存在一定程度的重叠。澜湄合作需要协调好与GMS合作机制的关系，才能使中国在澜湄地区的资源投入发挥更大的作用。另一方面，印度、日本、美国等域外国家主导下的合作机制是这些国家发展与湄公河国家关系，甚至是遏制中国在澜湄地区影响力的途径，澜湄合作与这些合作机制的竞争在所难免，只有在竞争中脱颖而出，才能更好地实现中国倡导澜湄合作的目标。

（二）湄公河国家政治发展面临考验

从总体上看，冷战结束以来湄公河国家的政治现代化取得了明显的进

[①] 卢光盛、金珍：《"澜湄合作机制"建设：原因、困难与路径？》，《战略决策研究》2016年第3期，第33页。

步，但泰国、缅甸、柬埔寨等湄公河流域国家的政治发展也面临着挑战，是影响澜湄合作推进的潜在障碍。

泰国是澜湄流域最早实行民主政体的国家，但21世纪以来陷入了政治发展的困境，在多次政变中政权频繁更迭。泰国的政治稳定性较差导致政策连续性不佳，并影响到其对外合作，这也是中泰铁路一波三折的原因之一。泰国前国王普密蓬被视为国家稳定的基石，现任国王哇集拉隆功的声望相去甚远。自2014年政变以来，泰国就一直处于军政府看守之下。2017年4月6日，泰国国王哇集拉隆功签署了新宪法，引入新选举体系，拟为大选铺路。但新宪法却被认为将为军方干政提供法律依据，会引发新的政治危机。[①] 目前泰国尚处于国丧期，政局较为平稳。待国丧期结束后，大选提上日程，泰国政局走向依然还是未知数。民盟在缅甸2015年大选中胜出后，民众和国际社会曾对民盟执政抱以厚望，但民盟政府执政1周年以来的效果远不如预期，长期存在的民族宗教矛盾和经济落后的问题并没有得到妥善解决，"21世纪彬龙会议"后军政府与"民地武"间的交火依然时断时续，若开邦的佛教徒与穆斯林关系紧张，并出现恐怖主义活动。缅甸未来的民主政治发展道路布满荆棘。从1993年开始，实行多党制的柬埔寨逐渐转为柬埔寨人民党一党独大，洪森连续担任柬埔寨首相已超过30年。但是在2013年的大选中，救国党异军突起，赢得国会123个议席中的55个席位，对柬埔寨人民党形成了严重挑战。尽管洪森和柬埔寨人民党暂时能控制国内局势，但长期以来积累的各种矛盾已经很尖锐，民众的不满情绪正在上升，不能排除2018年以后柬埔寨出现政党轮替甚至政局失控的可能性。[②] 这些国家的政治走向将在很大程度上影响其对澜湄合作的支持度和参与度，是推进澜湄合作需要统筹考虑的风险因素。

（三）湄公河国家民粹主义上升

湄公河国家民族主义盛行，对资源开发合作项目过于敏感和缺乏市场经济意识也是阻碍澜湄合作深入推进的一个重要因素。

[①] Jonathan Head, "Thailand's Constitution: New Era, New Uncertainties", BBC News, 7 April, 2017, http://www.bbc.com/news/world-asia-39499685，登录时间：2017年2月15日。

[②] 李晨阳：《澜沧江—湄公河合作：机遇、挑战与对策》，《学术探索》2016年第1期，第24页。

丰富的物产和自然资源是湄公河国家的宝贵财富，也是其发展的一项资本。不可否认，在对外开放合作的过程中，湄公河国家的自然资源受到一定程度的破坏。一些外资企业在开发资源时没有切实履行环境保护和改善当地民生的企业社会责任，导致湄公河国家民众认为自身没有或者很少从资源开发中受益，但却要承担环境被破坏的恶果。此外，澜湄地区也是国际非政府组织（Non-Governmental Organization，NGO）非常活跃的地区，其中不乏别有用心的 NGO 以保护当地资源和环境为幌子，唆使当地民众反对资源开发项目。同时，随着对外开放的扩大和国家民主化程度的提升，湄公河国家民众的自我意识高涨，形成了强烈的市场经济意识，一味强调企业社会责任、企业投资和经营行为的透明和保障劳工权益，不重视履行商业合同和维护企业合法权益。中国企业的投资项目屡屡成为被攻击的目标。中国在缅甸的密松电站被叫停、莱比塘铜矿多次因民众抗议而停工，当地员工罢工也时有发生。2017 年 2 月，在缅甸仰光的一家中资服装厂遭遇约 300 名罢工工人打砸。这些因湄公河国家民族主义情绪而发生的事件不仅给中国企业造成巨大损失，也打击了中国私营部门参与次区域合作的积极性。大部分湄公河国家尚处于民主化进程中，民粹主义短期内难以消除，在澜湄合作未来的发展中，中资项目受到排斥的事件有可能再度重演。

（四）中国在湄公河国家的软实力不强

虽然湄公河国家对中国总体上持友好态度，但中国在湄公河国家的软实力并不强。湄公河国家政府和民众对中国的认可主要停留在经济层面，这源于中国经济的快速发展，他们在想学习中国经验的同时却并不赞同中国的发展模式。一旦中国的经济形势不佳，不能成为湄公河国家发展的引擎，或者湄公河国家经济发展到一定程度，中国在湄公河国家的影响力将大打折扣。

"走出国门，你代表的就是中国"，这句话从某种意义上来说并非夸大之词。在国门之外，商品质量、企业行为、游客举止都会成为国家形象的具体标物。买到产自中国的假冒伪劣商品、碰上中国企业不注重环境保护、遇到不遵守当地风俗的中国游客，普通民众往往不会记得商品的具体厂家、企业的名称，也不会关心游客的姓名，只会统统贴上中国的标签。

近年来，随着中国企业不断走出去，中国与湄公河国家合作过程中出现了不少过于注重资源开发、商品和工程质量不佳、企业履行社会责任不到位以及环境破坏等问题，不文明举止被曝光的次数也随着国人出境游人数的增加而增加，这些都在无形中损害了中国在湄公河国家民众心中的形象。澜湄合作不仅是中国与湄公河国家政府间的合作，而且是多方参与的合作，需要更加注重软实力建设，以夯实民意基础。

三　推进澜湄合作的思考

面对各种机遇和挑战，要使澜湄合作成为亚洲命运共同体建设的"金字招牌"，必须要真正贯彻"亲、诚、惠、容"的周边外交新理念，在坚持务实高效的同时，创新合作思维和理念。

（一）加强发展规划对接

澜湄合作是本地区的新生合作机制，又被各成员国寄予了成为新型次区域合作机制和地区发展新动力的厚望。要在现有的众多次区域合作机制中使澜湄合作做到"后来者居上"，必须要充分把握历史机遇，将澜湄合作的推进融入"一带一路"建设和东盟共同体建设进入新阶段的区域一体化大背景中。

澜湄合作要实现可持续发展，其发展规划必须要与东盟共同体建设优先领域、中国—东盟自由贸易区升级以及湄公河国家发展战略进行有效对接。在规划制定中，要善加利用中国和湄公河下游国家地缘毗邻的唯一性，资金技术和生产能力的引领性，市场消纳能力的吸引性，以及非传统安全问题领域（如水资源、公共卫生、反恐、打击毒品和走私等）的紧迫性等不可替代的优势，与湄公河下游各国构建共同利益网络，加深相互依赖。[1] 通过共商、共谋，争取在 2018 年的第二届澜湄合作领导人会议上就澜湄合作的总体愿景以及互联互通、产能合作、跨境经济合作、水资源合作、农业和减贫合作五个优先领域的发展蓝图达成一致，签订澜湄合作的

---

[1] 卢光盛：《澜湄机制如何从湄公河地区诸多边机制中脱颖而出》，《当代世界》2016 年第 5 期，第 27 页。

中长期发展规划。同时，推动澜湄合作制度化，减少未来因湄公河国家政局变动带来政策调整的负面影响。

（二）发挥地方的积极作用

随着全球化的发展，地方政府和当地企业积极参与外事活动和对外经济交往已经成为一种不可逆转的趋势。"中国边境省区地方政府在推动跨境和次区域合作上扮演重要角色，并影响到中国与许多亚洲国家间的关系。"[1]澜湄合作首次领导人会议发布的《三亚宣言》提出，鼓励六国地方省区加强交流，商讨和开展合作。

云南从 GMS 合作 1992 年启动伊始就参与其中，广西也在 2005 年获批成为第二个参与该次区域合作的中国省区，不仅在其中发挥着重要作用，也通过参与澜湄地区的合作实现了自身的发展。云南和广西不仅是 GMS 次区域合作的参与者，同时还扮演着某种意义上的议程倡议者和推动者的角色，是西南地区参与区域一体化进程的典范。[2] 云南、广西与湄公河国家文化相近、民族相亲，长期参与澜湄地区经济合作具有良好前期基础的特有优势。同时，云南和广西两个省区是澜湄地区次区域合作的实际受益者，经济发展一定程度上依赖与湄公河国家的经济合作，对参与澜湄合作非常积极。在以往的合作中，云南与湄公河国家已经形成了云南—老北、云南—越北、云南—泰北、滇缅合作论坛等地方合作机制。应继续积极鼓励云南、广西等地方政府发挥自身优势，加强与湄公河国家在交通基础设施互联互通、高原农业合作、跨境经济合作区建设、职业技能培训、湄公河航道综合治理、边境管控、人文交流等多领域的先行先试和务实合作，为推动澜湄合作贡献"地方智慧"和"地方力量"。

（三）坚持"N-X"合作模式

"N-X"合作模式是对东盟"N-X"原则进行借鉴和外延扩展而衍生出

---

[1] Li Mingjiang, "Central-Local Interactions in Foreign Affairs", in John A. Donaldson ed., *Assessing the Balance of Power in Central-local Relations in China*, London: Routledge, 2017, p. 210.

[2] 苏长和:《中国地方政府与次区域合作：动力、行为及机制》,《世界经济与政治》2010年第5期, 第16—17页。

的一个全新政治经济学概念,即在 N 的大框架之下,根据具体情况,以更小范围的 X 为基数开展合作。在澜湄合作中,"N-X"合作模式可以在两方面得到体现和运用。

首先,澜湄合作依托项目推进,首次领导人会议就确定了 45 个早期收获项目。具体的合作项目不会每个都同时涉及 6 个国家,在合作中难免出现"6-X"模式,例如,当前的湄公河航运仅涉及中缅老泰四个国家。未来 6 国在无法就某个项目达成一致时,也可以通过"6-X"模式来促进项目的实施。其次,澜湄合作确定了互联互通、产能合作、跨境经济合作、水资源合作、农业和减贫合作五个优先领域,但并不意味着五个优先领域在各个湄公河国家都要以同等力度推进,而应该根据各国的实际情况,以"5-X"个领域为阶段性的合作重点,争取合作取得更大实效。例如,当前,老挝致力于从"陆锁国"向"陆联国"转变,中老铁路正在建设,且中老已于 2014 年 8 月签订《中老磨憨—磨丁经济合作区建设共同总体方案》,近期中老在澜湄合作机制下的合作可以侧重互联互通和跨境经济合作区建设。

(四)以中老柬为中轴建设澜湄合作走廊

2017 年 3 月 20 日,王毅部长在中国发展高层论坛年会上提出,要建设澜湄合作走廊,构建澜湄命运共同体。笔者在 2016 年初就曾在实地调研并听取中老柬三国学者观点的基础上建议建设中老柬经济走廊,将昆曼公路和中老铁路延长至金边、西哈努克港,通过打造中老柬经济走廊,使已经动工的中老铁路和已建成的昆曼公路发挥更大效益,同时获得新的出海通道。当前,在湄公河地区,中国在东线与越南、西线与缅甸的合作都存在诸多短期内难以消除的障碍,而与中路的老挝和柬埔寨合作条件相对较好。建议以中老柬为中轴建设澜湄合作走廊,并将其作为澜湄合作的重点项目,秉承"友好协商,总体规划,共同建设,分段实施"的原则,先期修通昆明—万象和金边—西哈努克港区间的高等级公路和铁路,使老挝和柬埔寨享受早期收获成果,形成示范和带动效应。[①] 以建设澜湄合作走廊

---

① 李晨阳:《澜沧江—湄公河合作:机遇、挑战与对策》,《学术探索》2016 年第 1 期,第 26 页。

为契机，带动磨憨—磨丁跨境经济合作区、中缅陆水联运、中泰铁路、昆明—海防铁路、瑞丽—木姐跨境经济合作区和河口—老街跨境经济合作区的建设，实现基础设施互联互通、产能合作和跨境经济合作多个澜湄合作优先领域的联动推进和"一带一路"框架下中国经中南半岛"四路出海"的目标。

（五）大力发展人文交流

澜湄合作首次领导人会议发布的《三亚宣言》提出鼓励媒体、智库、妇女、青年加强交流，继续举办澜沧江—湄公河青年友好交流项目；设立面向湄公河 5 国的国际奖学金，推动 6 国语言交流与培训，并将在 3 年内提供每人每年 1.8 万元人民币的政府奖学金和 5000 名来华培训名额。[①] 社会人文是澜湄合作的三大支柱之一，加强人文交流是提升中国在湄公河国家软实力的重要途径。

2017 年 3 月 11—19 日，笔者作为中国青年代表团团员参加了在泰国清莱、清迈和中国昆明举办的第 12 届澜湄青年友好交流活动。老挝代表团的团长宋蒙（中文名）21 世纪初曾到中国吉林留学，并多次到昆明、广西参加短期培训，他至今还和中国老师保持联系。在泰国的志愿者和昆明的青年创业经验分享者中都有人曾参加过澜湄青年友好交流活动。从一定程度上来说，他们已经成为澜湄国家友谊的维系者和传播者。多名泰国的志愿者和湄公河国家青年代表向笔者表示希望自己有机会到中国学习，但因汉语水平有限不能申请中国政府奖学金。在湄公河国家，汉语基础较好的主要是华人，但因历史的原因，华人从政会受到更多限制。建议适当放宽申请中国政府奖学金的语言门槛，同时加大对其他形式人员培训的支持，使湄公河国家更多的优秀青年和中青年干部来华接受教育，帮助湄公河国家培养经济社会发展所需的各领域人才的同时培养更多的知华友华人士。作为对澜湄合作加强各领域人才培训合作的积极响应，2016 年 9—12 月，云南大学为缅甸民盟智库贝达研究院培训了首批 7 名青年学者，组织专家学者为其讲授国际关系与外交、公共管理、生态保护与资源开发、扶贫减

---

① 《澜沧江—湄公河合作首次领导人会议三亚宣言》，新华网，2016 年 3 月 23 日，http://news.xinhuanet.com/world/2016-03/23/c_1118422397.htm，登录时间：2017 年 2 月 20 日。

贫、民族政策与治理等方面的课程，取得了较好的效果。此外，中国可以通过新设或增设孔子学院、文化交流中心，译制文学影视作品，举办民俗文化节和体育赛事等渠道加强与湄公河国家宽领域、多层次、广覆盖的人文交流，为澜湄合作营造良好的人文环境和社会氛围。

（六）建立澜湄合作交流信息平台

全球化和区域化的发展已使湄公河国家和民众处于一个会比较、有选择的时代，我们必须要加大民生帮扶和政策宣示力度。

目前，澜湄合作中方秘书处已经开通了微信公众号作为宣传平台，且宣传内容以中文为主。微信对宣传和扩大澜湄合作在中国国内的传播是很有效果的。但在湄公河国家，更为普及的社交媒体软件是 Facebook。澜湄合作的宣传不只是对内，更重要的是对外，尤其是针对湄公河国家。建议借鉴中国—东盟自贸区、湄公河委员会和 GMS 合作的宣传模式，建立澜湄合作英文网站平台，及时公布澜湄合作相关的政策文件，展示重大合作成果以积极宣传澜湄合作的成效，发布投资商机以吸引企业投资行为。该网站可以由澜湄合作秘书处主导，并专门开辟一个观点栏目，接受并刊发澜湄地区高校、科研机构、企业、媒体和 NGO 关于推进澜湄合作发展的文章，形成一个各方共同参与的信息资源共享平台，加强各方的交流和沟通，提高澜湄合作机制的透明度，从而有效提升澜湄合作在本地区众多合作机制中的综合竞争力。

结　语

澜湄合作是中国与湄公河国家共同倡导、共同参与的新型次区域合作机制，也是"一带一路"倡议的有机组成部分，得到了湄公河国家和东盟的认可与支持。澜湄合作开展一周年来，以速度和实效向湄公河国家民众和国际社会展现了新型次区域合作机制的风采。虽然澜湄合作的推进面临问题和挑战，只要我们认真对待，妥善处理，澜湄合作必将成为中国与周边国家合作的新典范。

Deepening the Lancang-Mekong Cooperation: Opportunities, Challenges and Strategy

Li Chenyang   Yang Xiangzhang

Abstract   The Lancang-Mekong Cooperation (LMC), which was officially launched by China and Mekong countries jointly in March 2016, is a new type of sub-regional cooperation mechanism and an important part of the "Belt and Road" project. The LMC mechanism has made notable achievements since it started one year ago. Looking ahead, we face both opportunities and challenges in advancing the Lancang-Mekong Cooperation. To make the Lancang-Mekong Cooperation a "golden brand" of the Asian Community of Common Destiny, China must follow the guideline for neighborhood diplomacy featuring amity, sincerity, mutual benefit and inclusiveness, insist on practicalness and efficiency, and promote the LMC thinking and ideas with innovation.

Key Words   Lancang-Mekong Cooperation; Opportunities; Challenges

Authors   Li Chenyang, Director of the Social and Humanities Science and Research Affairs Office, Director of the Institute of Myanmar Studies, Professor at the Center for China's Neighbor Diplomacy Studies, Doctor Tutor at Yunnan University; Yang Xiangzhang, Assistant Research Fellow at the Center for China's Neighbor Diplomacy Studies and the Institute of Myanmar Studies, Yunnan University, Ph. D Candidate jointly trained by Yunnan University and National University of Singapore.

"一带一路"建设中的中国澜湄水外交

郭延军

【摘要】 当前,中国周边跨界水资源问题日益凸显,已成为影响中国与周边国家关系的一个重要因素,也是中国在推进"一带一路"建设过程中无法绕开的一个议题,需要中国积极开展水资源外交,妥善处理有关矛盾和争议。本文选取澜沧江—湄公河水资源治理作为案例,提出中国调整和优化水外交的方向,从而有效解决周边跨界水问题,为推进"一带一路"建设奠定坚实基础。

【关键词】 "一带一路" 水资源外交 周边战略

【基金项目】 中国—东盟区域发展协同创新中心科研专项和教育部长江学者和创新发展团队发展计划联合资助重点项目"中日对东盟国际援助问题研究"(CWZ201505)。

【作者简介】 郭延军,副研究员,外交学院亚洲研究所所长。

随着"一带一路"的推进,国际社会尤其是沿线国家既抱有很高期待,同时也存在一些疑虑。① "一带一路"的顺利推进,很大程度上取决于中国与沿线国家政治互信的建立,而政治互信的建立又取决于中国与沿线国家之间的安全争议或冲突的有效缓解或最终解决。作为"一带一路"建

---

① Akhilesh Pillalamarri, Project Mausam: India's Answer to China's Maritime Silk Road, 18 September, 2014, http://thediplomat.com/2014/09/project-mausam-indias-amnswer-to-chinas-maritime-silk-road/,登录时间:2015年6月15日;赵亚赟:《俄罗斯智库专家对丝绸之路经济带的看法》,《经略简报》第79期,2014年10月14日;曾向红:《中亚国家对"丝绸之路经济带"构想的认知和预期》,人民网,2014年4月9日,http://world.people.com.cn/n/2014/0409/c1002-24857680.html,登录时间:2015年6月10日。

设的重要方向，中南半岛国家的态度可以说在推进"一带一路"建设过程中发挥着至关重要的作用。然而我们看到，同属澜沧江—湄公河流域的中国与中南半岛国家存在流域水资源治理方面的矛盾，有些问题如果处理不好，或将成为中国推进"一带一路"建设中的障碍。

一　中国跨界水资源：问题、挑战及新趋势

水是最可能导致国家间爆发战争的可再生资源。[1] 共享的国际水资源是公共资源困境的典型代表，即一方的使用意味着他方潜在利益的减少，突出表现为国际河流上中游的污染、取水及水坝拦水会直接影响下游的水质和水量。国际河流的生态边界与政治边界不一致则可能导致国家在主权原则、水资源所有权与分配、安全及环境等方面的冲突。2001年初，亚洲开发银行在其水资源报告中指出，未来水问题中最难解决的是水资源的合理分配。

（一）问题与挑战

中国拥有国际河流的数量和跨境共享水资源量均居世界前列，具体来说，国际河流（湖泊）有40多条（个），其年径流量占到中国河川年径流总量的40%以上，每年出境水资源量多达4000亿立方米，甚至超过长江的年径流总量。其中主要的国际河流有15条，包含了境外的18个流域国（其中15个为接壤国），影响人口逾30亿（含中国）。这些国际河流能否进行公平合理的利用和协调管理，直接影响着中国近1/3国土的可持续发展，影响着中国与东南亚、南亚、中亚和东北亚地区的国际合作与地区的稳定。[2]

近年来，因水资源的开发利用所导致的国家间矛盾与冲突时有发生。如，2005年吉林松花江污染曾引发中俄争议；伊犁河与额尔齐斯河的水分配曾导致中、俄、哈争议；中国怒江开发也曾受到周边邻国的批评与质疑。再如，中国与印度之间的关系因历史、宗教和边界等问题历来复杂，

---

[1] 转引自詹姆斯·多尔蒂、小罗伯特·普法尔茨格拉夫《争论中的国际关系理论》（第五版），阎学通、陈寒溪等译，世界知识出版社2003年版，第184页。
[2] 何大明：《中国国际河流》，科学出版社2011年版。

水问题更成为两国外交争议的重要领域，不断有印度媒体和学者指责中国在雅鲁藏布江建造水坝会影响印度的水流。而在更大范围内引起国际社会关注的是中国与湄公河流域国家的水资源争端，该争端因 2010 年的湄公河大旱使得下游四国与中国之间的水争议彻底浮现。[①]

中国与周边国家的水资源冲突在近年来集中爆发是多种因素共同导致的结果。概括而言，这些因素可归纳为以下三个方面：首先，与周边邻国相比，中国处于多条国际河流的上游，还是其中一些河流的发源国，在开发方面具有天然的地理优势。改革开放以来，中国经济发展迅速，为满足国内日益增长的电力需求，中国制定了系统的水电开发规划，水电开发时间较下游国家更早、开发力度也更大，中国的这一动向受到了下游国家的高度关注。其次，随着中国的快速崛起，周边国家，尤其是小国难免会感受到来自大国的压力，它们进而担心大国是否会采取激进的周边政策，这种忧虑无疑会投射到跨境水资源利用问题上。最后，出于政治和战略考虑，美国等西方大国近年来纷纷以水资源问题作为炒作对象，刻意夸大矛盾、制造分歧，对中国与周边国家水资源矛盾的升温起到了推波助澜的作用，使得中国与周边国家的水资源争端更加复杂。

（二）国际水外交新趋势

由于跨界水资源问题的日益凸显，水外交得到了研究者和政策制定者越来越多的关注，在理念和实践方面也不断丰富和发展，出现了一些新的趋势和特点。2012 年，由美国著名水问题专家沙飞酋尔·伊斯拉姆和劳伦斯·E. 斯坎德合著的《水外交：以谈判方式管理复杂水网络》一书出版，书中提出了一种新的水外交框架，系统论述了水外交的理念和实践，在水外交领域产生了广泛影响，其中很多新观点可以视为未来水外交的发展方向。[②] 笔者据此总结了未来水外交可能呈现的几个主要特点。

网络化。强调构建开放和灵活的水外交框架，通过构建广泛的水外交

---

① 关于中国与周边国家在水资源问题上的关系的分析，参见李志斐《水资源外交：中国周边安全构建新议题》，《学术探索》2013 年第 4 期，第 28—33 页。
② Shafiqul Islam and Lawrence E. Susskind, *Water Diplomacy*: *A Negotiated Approach to Managing Complex Water Networks*, RFF Press Water Policy Series, Routledge, first edition, June 22, 2012.

伙伴关系，由各领域专家组成网络化的研究和实践模式，为水外交提供更多专业化指导和建议。例如，2012年，美国宣布建立新的合作伙伴关系，应用与水问题有关的经验应对全球的水资源挑战。该伙伴关系将汇集在水资源问题上具有不同经验和知识的遍布全球的30多个机构、院所和维权组织。①网络化带来的直接结果就是水外交的研究和实践更为开放化、专业化和科学化，水外交的主题和议题也将因此处于一个不断变动的过程之中，其中非政府组织在水外交领域快速增长的影响力值得关注。

共享化。在自身没有权利去挑选较大利益的情况下，利益均分（或至少是利益共享）就是优选策略。② 在跨境水资源管理领域，"利益分享"概念逐步被各方接受，成为指导水外交实践的重要理念，③ 并且在理论和实践层面不断得以丰富。④ 2009年，世界银行公布了新的水电政策，利益分享成为此轮水电开发投资浪潮中的核心概念。⑤ 2011年，湄公河委员会（Mekong River Commision，MRC）发布的一份指导文件指出，在流域管理和发展可持续的河流基础设施方面，利益分享已被广泛视为一个能够促进合作的有力和实用的工具。⑥

安全化。2009年联合国《世界水资源发展报告》指出，水问题将严重制约21世纪全球经济与社会发展，并可能导致国家间冲突。⑦ 近年来，围

---

① 《国务卿克林顿增强美国解决世界用水难题的承诺》，美国国务院国际信息局（IIP），http://iipdigital.usembassy.gov/st/chinese/article/2012/03/201203232694.html#axzz3elXQCTj1，登录时间：2015年5月6日。
② 赵汀阳：《每个人的政治》，社会科学文献出版社2010年版，第26页。
③ 世界水坝委员会编：《水坝与发展：决策的新框架》，中国环境科学出版社2005年版，第184、186页。
④ Marwa Daoudy, "Benefit-sharing as a Tool of Conflict Transformation: Applying the Inter-SEDE Model to the Euphrates and Tigris River Basins", *The Economics of Peace and Security Journal*, Vol. 2, No. 2, 2007, pp. 26 - 32; Tesfaye Tafesse, "Benefit-Sharing Framework in Transboundary River Basins: The Case of the Eastern Nile Subbasin", conference papers No. 1/2009, International Water Management Institute, pp. 232 - 245; Oliver Hensengerth, Ines Dombrowsky and Waltina Scheumann, "Benefit-Sharing in Dam Projects on Shared Rivers", Bonn: German Development Institute, 2012, p. 1.
⑤ The World Bank Group, "Directions in Hydropower", The World Bank Working Paper No. 54727, March 1, 2009, http://siteresources.worldbank.org/EXTENERGY2/Resources/Directions_in_Hydropower_FINAL.pdf，登录时间：2014年1月5日。
⑥ MRC, "Knowledge Base on Benefit Sharing", Vol. 1, MRC Initiative on Sustainable Hydropower, 2011, p. 7.
⑦ UN World Water Development Report 3, *Water in a Changing World*, UNESCO, 2009.

绕国际河流跨境水资源的合理利用、公平分配、协调管理与可持续开发等问题出现了诸多争议或争端，成为影响国家间关系的重要变量，也促使国家更多地从安全角度重新审视水外交。2012年2月，美国国家情报委员会发布了"全球水资源评估"报告，得出的所谓"关键性结论"认为：为争夺水爆发战争的危险将在下一个10年增加。[①] 美国前国务卿希拉里·克林顿也指出："水对全球和平、稳定与安全是一个必不可少的组成部分。"[②] 水外交的安全化趋势势必进一步提升水问题在国家安全议程中的重要性。

法律化。近年来，国际法和国际仲裁在水外交领域重新获得重视。当前，国际社会指导跨界河流管理主要有两份公约：一份是联合国国际法委员会于1997年通过的《国际水道非航行使用法公约》；另一份是联合国欧洲经济委员会于1992年签署的《跨界水道与国际湖泊保护与利用公约》。2014年5月，越南签署《国际水道非航行使用法公约》，成为该公约的第35个签约国，该公约于2014年9月正式生效。未来不能排除有些国家将法律手段引入澜湄水资源管理中。

一体化。理论上讲，沿岸国之间的水资源治理水平，由低到高分别为：建立信息共享和交流机制；谈判达成双边或多边水条约；建立局部流域管理机构，单纯进行水量分配，或者联合进行水利工程开发；在条件成熟时再达成全流域条约，建立和运作全流域管理机构，最终实现一体化管理。当前，越来越多的国家相信，通过合作与协商，逐步实现一个兼顾各国国家利益的公正合理的全流域条约，最终建立一个覆盖全流域的水资源治理机构，是解决流域水争端的最佳途径。[③]

二 中国澜湄水外交：目标、政策及评估

"水外交"作为一个严格意义上的概念，目前并没有一个完整和权威的界定。有国外学者指出，水外交主要关注的是建立在科学基础上和敏感

[①] U. S. National Intelligence Council, *Global Water Security: The Intelligence Community Assessment*, 2 February 2012.
[②] 《国务卿克林顿增强美国解决世界用水难题的承诺》，美国国务院国际信息局（IIP），2012年3月20日，http://iipdigital.usembassy.gov/st/chinese/article/2012/03/201203232694.html#axzz3elXQCTj1，登录时间：2015年5月6日。
[③] 何艳梅：《中国跨界水资源利用和保护法律问题研究》，复旦大学出版社2013年版，第40页。

社会约束范围内的广泛的水问题的解决方案，包括环境政策、水管理战略以及工程解决方案等。有国内学者将"水外交"定义为"一国政府为确保跨界水资源开发与合作中的利益，通过外交方式（其中涵盖技术和社会层面的举措）来解决跨界水合作问题的行为"。[①]

在推进水电开发的过程中，中国确立了两大外交目标：一是"维权"，二是"维稳"。所谓"维权"，就是维护中国在本国境内水域的自由开发与使用权；所谓"维稳"，就是在开发过程中，注重维护与下游国家关系的稳定，避免因水资源开发影响到与下游国家的总体关系。客观地讲，中国在跨界水资源开发过程中，基本上比较好地坚持了"维权与维稳相统一"和"边开发边保护"的原则，力争使自身权益与下游河流整体生态保护之间保持总体平衡。

下文将通过湄公河流域水资源管理案例，梳理和评估中国的水外交政策。

作为"一带一路"倡议的重要方向，大湄公河次区域已成为中国推行周边外交新理念和"建设中国—东盟命运共同体"的"实验田"，[②]而水资源问题则是大湄公河次区域合作中的核心议题之一，也将成为未来中国推进周边外交战略、塑造周边环境进程中的重要抓手。

长期以来，中国在确保自主开发权的前提下，确立了"有限参与地区合作"的原则，力争减少因在上游开发引发的与下游国家的紧张关系。为此，中国在开发过程中采取多种措施保护生态环境，甚至主动牺牲或放弃可观的开发收益，以减少对下游的不利影响：一是加强法制建设，比如说引入环保一票否决制，规划中的第八座勐松电站就是因为未通过环评而停建；二是在技术层面加大努力，比如说通过优化大坝设计，来保证澜沧江的出境水位、水温和水质；三是加大在资金方面的投入力度，比如说投入

---

① 有关水外交的定义，参见 Shafiqul Islam, "Water Diplomacy Welcome", http://sites.tufts.edu/waterdiplomacy, September 2010; Indianna D. Minto-Coy, "Water Diplomacy: Effecting Bilateral Partnerships for the Exploration and Mobilization of Water for Development", SSRN Working Paper Series, February 2010; 张励：《水外交：中国与湄公河国家跨界水合作及战略布局》，《国际关系研究》2014年第4期。此外，联合国曾于2014年专门开设了一次关于水外交的基础培训课程。具体参见 United Nations Institute for Training and Research, "Introduction to Water Diplomacy", http://www.unitar.org/event/introduction-water-diplomacy, 登录时间：2015年6月15日。本文中所指水外交是狭义上的定义。

② 刘稚：《大湄公河次区域合作发展报告2014》，社会科学文献出版社2014年版，第22页。

大量资金，为洄游鱼类修建洄游通道，保护鱼类资源，等等。

同时，为了保证水资源开发过程的自主性，中国至今没有加入 MRC，也没有与下游单个国家签署双边水资源开发与利用的有关协定。但中国利用 MRC 对话伙伴国身份，积极与其开展技术交流与合作。2003 年至今，中国已连续 10 年在每年汛期向 MRC 提供包括雨量和水位在内的水文服务。特别是 2010 年 3 月以来，中方每周向 MRC 提供景洪和曼安水文站特枯情况下的旱季水文资料，MRC 和下游国家对此都予以高度评价。总的来说，中国与 MRC 这一下游地区组织尽管在流域水资源治理中保持着良好的合作关系，但这种合作主要集中于技术层面，是一种低层次和有限的地区合作政策。

在下游国家看来，中国这种基于技术层面的"有限参与地区合作"政策远不能缓解其担忧和满足其现实需求。有观点指出，中国既没有加入 MRC，也没有就水电开发规划和项目实施与下游国家进行沟通或谈判，这直接导致了流域水资源治理成效的低下，[1] 甚至有人将中国的上游优势和单方面行动称为"水上霸权"。[2]这些说法显然不是完全基于客观事实，而是掺杂了其他政治目的，旨在恶意曲解中国发展水电、促进流域经济发展的意愿，但由于其具有很强的煽动性，不但给中国的水电开发造成了不利的舆论压力和巨大损失，而且影响了中国与下游国家间的关系，破坏了中国在该地区的形象，抹杀了中国为保护生态环境所做的贡献，为流域国家间关系的发展增添了变数。

随着中国在澜沧江"维权"任务（水电开发）基本告一段落，下一步的重点应转移到"维稳"上来，即通过实施更为积极的水外交政策，全面参与地区合作，充分考虑和尊重各国的利益诉求，与下游国家开展流域性水资源管理合作，促进同下游国家关系的巩固和发展，为推进"21 世纪海上丝绸之路"建设奠定坚实的地区基础。

2015 年 11 月，中国在澜湄水外交方面取得重要进展，其标志性事件是澜湄合作首次外长会议的召开。中国、泰国、柬埔寨、老挝、缅甸、越

---

[1] International Centre for Environmental Management, "Strategic Environmental Assessment of Hydropower on the Mekong Mainstream", Prepared for the Mekong River Commission, Final Report, 2010.

[2] David Blake, "Proposed Mekong Dam Scheme in China Threatens Millions in Downstream Countries", *World Rivers Review* 16, 2001, pp. 4 – 5.

南六国外长就进一步加强澜湄国家合作进行深入探讨，达成广泛共识，一致同意正式启动澜湄合作进程，宣布澜湄合作机制正式建立。会议发表的联合声明确定澜湄机制将在政治安全、经济和可持续发展、社会人文三个重点领域开展合作，全面对接东盟共同体建设三大支柱，并从互联互通、产能合作、跨境经济合作、水资源合作、农业和减贫合作五个方向优先推进，提供政策、金融、智力三个方面的重要支撑，以项目为主导，着重抓好落实。① 王毅部长强调应将水资源合作打造成澜湄合作的旗舰领域，通过合作促发展、惠民生。② 2016年3月23日，首次澜湄合作机制领导人会议在中国海南举行，来自中国和湄公河五国的领导人对澜湄合作的政治架构、合作领域和发展方向都做了详细的规定，可以说为澜湄合作勾画了一幅美好的蓝图。本次澜湄合作领导人会议的召开，标志着该机制的进一步完善，有关项目也将随之进入落实阶段。

澜湄合作机制的顺利启动标志着中国开始全面参与澜湄水资源合作，水外交将成为中国参与澜湄合作的亮点和着力点。

三 澜湄水外交与"一带一路"建设：中国的政策选择

鉴于上述国际水外交出现的新趋势和新动向，中国应密切跟踪并制定应对之策。本文认为至少应在以下几个方面做出努力。

第一，加强水外交理论的研究与创新，特别应重视国际水法的理论与实践研究。国际社会对利益分享、国际水法等新的水外交理念的逐步接受和日益重视，为中国水外交提出了更大的挑战和更高的要求。为了更好地推进水外交，应对这些新的理念，对国际水法的理论和实践进行深入研究必不可少，而且要做到未雨绸缪。以《国际水道非航行使用法公约》（以下简称《公约》）生效为例，中国在1997年联合国大会表决时，考虑到其中若干核心条款，如争端解决的强制调查程序等可能会损害国家主权，因

---

① 《澜沧江—湄公河合作首次外长会举行 澜湄合作机制正式建立》，中华人民共和国外交部网站，2015年11月12日，http：//www.fmprc.gov.cn/web/wjbzhd/t1314375.shtml，登录时间：2015年12月20日。
② 《王毅阐述澜湄合作五个优先方向、三个重要支撑》，新华网，2015年11月12日，http：//news.xinhuanet.com/world/2015 – 11/12/c_1117126990.htm，登录时间：2015年12月10日。

此投了反对票,至今中国未加入这一公约,也就是说,该公约对中国没有约束力。

尽管如此,也不能忽略《公约》生效带来的影响。① 首先,它是迄今为止调整国际淡水资源利用与保护领域最为全面的国际条约,中国应重视《公约》对国际司法实践的影响力。其次,在《公约》生效以后,《公约》作为框架性协议对区域立法及双边立法的指导作用将会进一步加强。中国应重视《公约》作为框架性协议对区域立法及双边立法的指导作用。再次,中国应关注周边国家对《公约》的态度。越南的加入行为加速了《公约》生效的进程,而越南是澜沧江—湄公河国际水道的下游国之一。此外,曾投弃权票的乌兹别克斯坦也在2007年9月加入了《公约》。未来,是否会有更多与中国存在跨界水资源争端的周边国家加入《公约》,需要进行预先研判。

第二,在澜湄水资源合作中,应双边、多边并重,力争主导规则制定和机制创设。近年来,在湄公河流域,区内外国家都在加紧推进水资源合作战略布局。例如,下游四国通过不断强化 MRC 的机制和能力建设,使这一区域组织在流域水资源管理中发挥越来越重要的作用。而美、日、印、澳等区外国家也制定了各自政策,深度介入大湄公河水资源合作事务,使水外交形势愈加复杂化。如果不对上述行动作出回应,很可能使我们的水外交陷于被动局面。为此,在未来的水资源合作中,中国应注重规则制定和机制创设,以此实现对区域水资源治理主导权的掌控。一是要继续扩展和深化与下游国家的合作,开创水资源治理的新局面。从目前来看,上下游国家制定一项统一的具有广泛约束力的政策框架的条件仍不成熟。对于中国来说,紧密的制度化合作也不符合自身的利益诉求。当前阶段比较现实的做法,应当是推动以项目为主导的务实合作模式。二是要进一步完善澜湄合作机制化建设,为深化各领域合作提供保障。三是应建立和完善利益攸关方与社会行为体的参与和协商机制。通过构建各种利益攸关方的参与机制,推动伙伴关系建设,尤其应通过建立公私部门的良好合作关系,确保利益分享机制具有可持续性。②

第三,全面参与澜湄水资源管理,以水外交推动中国周边外交的发

---

① 李伟芳:《〈国际水道公约〉生效中国如何应对》,《法制日报》2014年8月26日。
② 郭延军:《权力流散与利益分享——湄公河水电开发新趋势与中国的应对》,《世界经济与政治》2014年第10期,第117—135页。

展。从目前的发展现状及未来趋势看,澜湄水资源治理已经超越了水问题本身,表现为一种对地区可持续发展的关注。中国参与水资源治理的方式也应从有限的技术合作扩展为全面性参与,以更好地适应流域水资源治理发展的需要。全面参与应以水资源为合作切入点,但又要超越单纯的水资源议题,从战略层面探索、规划中国与湄公河次区域国家的合作路径。例如,中国在 2014 年第二届湄公河委员会峰会上提出,为推进生态文明建设,积极落实"一带一路"战略构想,将进一步与湄公河委员会及成员国加强战略对接和统筹谋划,深化水电开发合作,同时在应对气候变化、保证能源和粮食安全、防灾减灾、环境保护和能力建设等领域加强友好合作,推动实现湄公河流域的强劲、包容、可持续发展。[1] 全面参与意味着要从战略设计、机制建设、议题设置等方面升级现有水外交政策,并将其视为周边外交战略的重要一环加以推进。

结　语

积极开展澜湄水外交,对推进"一带一路"建设具有重要的意义和作用。一是可以缓解中国与流域国家在跨界河流管理方面的矛盾和争端,促进政治互信,从战略上巩固与重要节点国家的关系,为"一带一路"建设营造良好的周边政治环境。二是有助于形成"河海"良性互动关系,推动南海等领土、领海主权争端的解决。"双轨"思路明确了东盟作为一个整体在维护南海问题上的重要作用,因此中国与东盟将加速"南海行为准则"(Code of Conduct in South China Sea,COC)的磋商进程。[2] 以水资源合作推动与中南半岛国家的政治互信,无疑将为中国在南海外交上争取到更多东盟国家的支持。三是通过水资源领域合作,打造新的经济增长点,促进区域互联互通建设。水资源领域敏感程度相对较低,更容易达成合作。中国可以充分利用自身在地缘、经济和技术等方面的优势,为周边国家提

---

[1] 《中国代表团出席第二届湄公河委员会峰会》,新华网,2014 年 4 月 6 日,http://news.xinhuanet.com/2014-04/06/c_1110121092.htm,2015 年 6 月 10 日登录。

[2] 《中国—东盟高官磋商:同意早日达成"南海行为准则"》,新华网,2015 年 6 月 4 日,http://news.xinhuanet.com/world/2015-06/04/c_1115517662.htm,登录时间:2015 年 7 月 2 日。

供更多水资源类公共产品,① 与流域国家就构建水资源合作机制展开务实合作,这将有助于将流域各国在水电开发中的矛盾转移到对区域共同发展问题的关注上来,同时,也将创造新的经济增长点,促进中国国内相关产业的向外转移。

The Lancang-Mekong Water Diplomacy of China in the Implementation of the Belt and Road Initiative
Guo Yanjun

Abstract The controversy over China's trans-boundary water resources has become more prominent and gradually evolved into an influential factor in shaping the relationship between China and its neighboring countries. Given the fact that this issue will be inevitably encountered by China in its implementation of the Belt and Road Initiative, China needs to make a more proactive approach using water diplomacy to dampen tensions and solve the disputes. This article chooses the case of the management of Lancang-Mekong water resources, and puts forward policy recommendations on adjusting and optimizing China's water diplomacy, thus to solve the trans-boundary water problem and to pave the way for the successful implementation of the Belt and Road Initiative.

Key Words Belt and Road Initiative; Water Diplomacy; Peripheral Strategy

Author Guo Yanjun, Associate Professor, Director of the Institute of Asian Studies at China Foreign Affairs University.

---

① 李志斐:《水问题与国际关系:区域公共产品视角的分析》,《外交评论》2013 年第 2 期,第 108—118 页。

一带一路

Belt and Road Initiative

论"一带一路"国家间金融合作制度化组织构建的原则、目标与方案设计

保建云

【摘要】"一带一路"国家之间的金融合作需要制度化的组织作为平台和保障。在新筹建的"一带一路"国家间金融合作组织的运行与治理过程中,需要遵循既具有全球普遍适用性又具有区域适应性的规则,同时需要制定合理可行的目标体系。中国政府应倡议并主导推动筹建"一带一路"货币基金组织、"一带一路"开发银行和"一带一路"国际金融合作组织,使这些组织和机制不仅能够成为"一带一路"国家间金融合作的制度化平台和组织保障,而且能够成为全球金融治理体系发展与变革的推动力量。

【关键词】"一带一路" 国际金融合作 制度化组织

【基金项目】中国—东盟区域发展协同创新中心科研专项和教育部长江学者和创新团队发展计划联合资助重大招标项目"'一带一路'国家金融合作机制研究"(CWZD201507)。

【作者简介】保建云,中国人民大学国际关系学院教授、国际政治经济学研究中心主任,博士生导师。

金融合作是"一带一路"国家间贸易发展和投资合作的重要基础,也是推进本区域贸易投资一体化发展的重要内容,需要设计和构建专业化、制度化的组织平台加以推进和提供制度化保障。"一带一路"国家间金融合作需要组织推动和组织保障,组织设计与构建已经成为推动"一带一路"国家间金融合作的关键和制度基础。2013年中国国家领导人提出"一

带一路"倡议以来,"一带一路"国家间金融合作取得了积极进展,特别是中国与周边国家及欧亚大陆国家之间在基础设施建设领域的金融合作深入推进,突出表现在亚洲基础设施投资银行(Asian Infrastructure Investment Bank,AIIB)的筹建及运行。但"一带一路"国家间金融合作仍然存在诸多不足和需要改进之处,一个重要方面就是"一带一路"国家间金融合作的组织建设滞后、制度化平台缺乏。"一带一路"国家间金融合作的组织协调与组织建设问题已经成为相关国家共同面临的问题。"一带一路"倡议的实施不可能没有动机和组织保障,已有文献从动机和框架角度分析了中国"一带一路"倡议[1]。当然,"一带一路"倡议实施过程中必然面临多方面的问题,已有文献关注"一带一路"倡议实施中可能面临的各种矛盾和问题[2],包括"一带一路"国家间金融合作面临的问题[3],也有文献把人民币国际化作为"一带一路"国家间金融合作的重要内容[4],但系统研究"一带一路"国家间金融合作制度化组织设计与构建的专门文献还没有出现。因此,研究"一带一路"国家间金融合作的组织建设及制度体系构建问题,探讨"一带一路"国家间金融合作的组织平台设计、规则制定与制度机制,不仅具有理论价值,更具有现实意义。本文主要分析了"一带一路"国家间金融合作制度化组织构建的原则、目标与方案设计问题。

一 "一带一路"国家间金融合作的制度化组织构建原则与目标

"一带一路"国家间金融合作需要设计和构建制度化组织及其体系作为平台,但任何制度化组织及其体系的设计和构建都需要坚持必要的原则,制定合理的发展目标及目标体系。"一带一路"国家间金融合作规则体系的制定和实施需要制度化组织作为推动力量和实施平台,制度化组织

---

[1] Yiping Huang, "Understanding China's Belt & Road Initiative: Motivation, Framework and Assessment", *China Economic Review*, Vol. 40, No. 9, 2016, pp. 314–321.

[2] Leonard K. Cheng, "Three Questions on China's 'Belt and Road Initiative'", *China Economic Review*, Vol. 40, No. 9, 2016, pp. 309–313.

[3] 汤柳:《"一带一路"金融合作需要提升的四个方面》,《银行家》2016年第3期,第71—73页。

[4] 吴弘、祁琳:《"一带一路"战略下人民币国际化风险的法律控制》,《新金融》2017年第1期,第30—36页。

构建是"一带一路"国家间金融合作持续稳定发展的重要保证因素。"一带一路"国家间金融合作的制度化组织构建是指，"一带一路"国家为了规范并推动彼此在金融领域的双边与多边合作关系而组建的各种常设与非常设的规范化的组织和机构的统称。"一带一路"倡议提出以来，中国与相关国家的金融合作取得了积极进展。亚洲基础设施投资银行成立与丝路基金建立则为"一带一路"国家间金融合作创造了组织与制度条件，但"一带一路"国家间金融合作的制度化组织建设仍然还有较长的路要走。事实上，各国参与跨国金融合作需要遵循必要的行为规范与规则体系，而规则体系的制定和实施则需要各国共同参与，特别是由各国共同推动组建的国际组织来推动。国际组织作为调整跨国关系的制度化机构和平台，是国际社会中制度化组织的重要类型和内容。"一带一路"国家间金融合作的制度化组织构建是一个系统化的过程，需要遵循一定的原则、设定目标、组织安排与实施。

"一带一路"国家间金融合作的制度化组织构建需要遵循一定的原则并设定相应的目标。所谓遵循一定的原则是指进行制度化组织构建时不能够违背的准则和要求，而目标设定则是确定制度化组织需要达到的目的和方向。"一带一路"国家间金融合作的制度化组织构建需要遵循六方面的原则：一是公平原则（fairness），"一带一路"国家间建立的任何国际金融合作组织或者机构都必须追求为金融合作各参与方提供平等的参与竞争机会，塑造公平跨国金融市场竞争环境，消除跨国金融合作领域的各种不公平现象；二是公正原则（justice），也就是说跨国金融合作制度化组织必须有利于促进社会公正，消除跨国金融合作领域的各种不公正行为和现象，着力于维护良好的跨国金融伦理秩序，防止各种寻租（rent-seeking）活动对跨国金融合作正常秩序的干扰；三是效率原则（efficiency），跨国金融合作的制度化组织必须有利于提高国际金融合作的效率，制度化组织的运行也必须不断提高效率，也就是在既定资源投入基础上获得最大的收益、在收益既定条件下投入的资源最少，如果不能够遵循效率原则，在竞争激烈的国际金融合作市场，任何制度化组织都可能被其他组织所替代，跨国金融合作效率也不可能提高；四是最优实践原则（best practice），这一原则是指所建立的制度化组织特别是制度化国际组织在各种已经建立的组织中对"一带一路"国家间金融合作的调节和促进作用的实际效果最好，也就是说与其他国际组织对跨国金融合作的影响效果相比，"一带一路"国家所建立的跨国金融合作组织的实践效果是最好或者最优的；五是共享合作原则（sharing and cooperation），该原则是指构建的制度化组织，特别是国际组织需要由参与的各个国家共同分享其带来的利益和各种便利，各国需要分工合作共同推进组织发展，国家无论大小强弱，都是制度化组织的利益共享成员并根据各国优势互补原则进行分工合作；六是共同治理原则（co-governance），"一带一路"国家间金融合作给各国带来各种利益和便利的同时，也需要支付成本并承担各种风险，各国在行使权利的同时也需要承担相应的责任。权责相互匹配，制度化组织治理需要各国共同参与，如果制度化组织治理机制构成中缺乏各国的共同参与则可能出现治理机制缺陷并影响到组织的稳定运行。"一带一路"国家间金融合作的制度化组织构建的原则可以用图1概括。

图1 "一带一路"国家间金融合作制度化组织构建原则

图1概括了"一带一路"国家间金融合作制度化组织，特别是"一带一路"国家间金融合作国际组织构建过程中需要遵循的原则及各种原则之间的相互关系。只有遵循公平与公正原则才能够吸引各种类型的国家参与"一带一路"国际金融合作，这是合作的关键，也是合作的现实基础，任何一个不公平和不公正的国际组织都可能演变为被少数国家操纵的政治经济工具，不可能为大多数国家所接受，也必然会丧失吸引力。只有遵循效

率原则，"一带一路"国家之间金融合作的制度化组织才可以持续运行并获得充足的经济资源支持。任何国际组织特别是跨国金融合作组织的建立和运行都需要投入必要的经济资源，只有有效率的制度化组织才具有持续运行和发展的经济基础。只有遵循最优实践原则，"一带一路"国家间金融合作组织才能够在与其他金融合作组织的竞争中获得优势和认可，在争取更多成员国加入的竞争中获得比较竞争优势，该制度化组织也才能够不被国际社会淘汰。只有遵循共享合作原则，才能够吸引更多的国家或者社会行为主体参与到"一带一路"国家间金融合作活动之中，也才能够充分发挥各国及国际社会的比较优势，推动制度化组织的发展壮大并充分发挥其在国际社会的影响力。"一带一路"国家之间的金融活动不仅涉及参与国家各级政府的多方面利益，也涉及各国金融机构与非金融机构的切身利益，任何制度化组织的构建都需要照顾各国各利益方的货币金融利益，发挥各国各货币金融利益主体的积极性，制度化组织治理机制的设计和运行需要各国共同参与。

"一带一路"国家间金融合作制度化组织构建目标与原则紧密相关，在遵循原则基础上设定合理的组织目标是制度化组织构建的关键。"一带一路"国家间金融合作组织要实现的目标涉及多个方面，可以区分为经济目标与非经济目标，非经济目标涉及政治、社会、法律等方面。制度化组织目标对"一带一路"国家间金融合作发展具有引导作用，对参与跨国金融合作的各个行为主体具有规范效应，可以稳定区域金融市场预期，控制和减少跨国金融合作过程中的不确定性风险。"一带一路"国家跨国金融合作制度化组织的目标包括五个方面：一是促进和推动"一带一路"国家跨国金融合作持续发展。任何区域性和专业性跨国金融合作组织如果不能够成为推动金融合作的促进力量，甚至成为阻碍金融合作的障碍，就会失去存在的必要性和合法性基础，成立"一带一路"国家跨国金融合作组织的首要任务便是促进区域金融合作。二是协调参与跨国金融合作的主权国家之间的各种权责利益关系，同时也协调其他相关利益主体的权责利益关系。跨国金融合作过程是一个各种金融利益主体的权利、责任与利益关系的构建、协调与调整的过程，如果不能有效协调各成员国及相关利益主体之间的金融权利义务关系，任何跨国金融组织的功能都可能被其他金融合作组织及相关国际组织所替代。三是制定跨国金融合作的行为规范与规则体系，规范跨国金融活动，为跨国金融合作提供或者制定规则和规则体系是跨国金融合作组织的基本目标。任何跨国金融活动特别是主权国家之间的金融合作关系的建立都需要在一定的规则体系规范下进行，制定规则并提供制度保障是跨国金融合作组织的基本功能和目标。跨国金融合作组织如果不能够制定规则并为跨国金融活动提供制度保障，其组织功能就不可能得到充分发挥。四是维护参与"一带一路"跨国金融合作的所有国家及相关组织的整体金融利益。建立跨国金融合作组织的一个重要目标是通过推动各国的金融合作以增进各国整体的金融利益，如果不能够增进各国及各国整体的金融经济及相关利益，任何跨国金融合作组织成立与运行的激励与动力机制都会不足，不利于该跨国金融合作组织的持续稳定发展。五是统筹预防和控制"一带一路"国家跨国金融合作中的各种不确定性风险与危机。跨国金融合作过程中面临各种矛盾和冲突，存在着各种不确定性风险和危机，有效化解跨国金融合作中的各种矛盾和冲突与协调各国共同预防和控制跨国金融合作中面临的各种风险和危机，是所有跨国金融合作组织的重要目标和责任。可以用表1概括"一带一路"国家间金融合作制度化组织的目标。

表1　　　　"一带一路"国家间金融合作制度化组织目标

基本目标	序号	细分目标
推动与促进"一带一路"国家间金融合作	1	创造跨国金融合作机会
	2	消除跨国金融合作障碍
	3	搭建跨国金融合作平台
	4	优化跨国金融合作环境
	5	提供跨国金融合作理念
协调"一带一路"国家间金融合作权责与利益关系	6	协调跨国金融合作的权利关系
	7	协调跨国金融合作的责任关系
	8	协调跨国金融合作的利益关系
	9	平衡跨国金融合作的权利与义务关系
	10	平衡跨国金融合作的权利与利益关系

续表

基本目标	序号	细分目标
制定"一带一路"国家间金融合作的规则及规则体系	11	制定跨国金融合作的程序规则及体系
	12	制定跨国金融合作的行为规则及体系
	13	制定跨国金融合作的信用规则及体系
	14	制定跨国金融合作的协调规则及体系
	15	制定跨国金融合作的治理规则及体系
维护"一带一路"国家间金融合作的整体利益	16	维护各国参与跨国金融合作的权利利益
	17	维护各国参与跨国金融合作的机会利益
	18	维护各国参与跨国金融合作的金融利益
	19	维护各国参与跨国金融合作的市场利益
	20	维护各国参与跨国金融合作的组织利益
预防与控制"一带一路"国家间金融合作的冲突与风险	21	预防与控制跨国金融合作的矛盾与冲突
	22	预防与控制跨国金融合作的不确定性风险
	23	预防与控制跨国金融合作的货币危机风险
	24	预防与控制跨国金融合作的金融危机风险
	25	预防与控制跨国金融合作的非经济风险

从表1可以看出，在筹备与构建"一带一路"国家间金融合作的制度化组织时，需要系统设计组织建立与运行的基本目标和细分目标，以便规范与引导组织运行和长远发展。当然，除了基本目标及细分目标外，在不同的发展阶段和不同的情况下，"一带一路"国家间金融合作组织还有其他短期与局部目标，例如应对突发性国际政治经济事件对"一带一路"国家金融合作带来的影响和冲击、协调"一带一路"国家与其他国家及国际组织之间的经济金融关系等。

简言之，"一带一路"国家间金融制度化组织构建与运行过程中，需要遵循必要的原则并制定合理可行的目标，引导跨国金融合作组织的健康稳定发展，推进以"一带一路"国家为主要积极力量的国际货币与金融体系变革与创新，为国际政治经济新秩序的构建创造良好的国际分工合作条件。

二 现有相关国际组织存在的缺陷和不足

现有影响"一带一路"国家间金融合作的国际组织存在着诸多缺陷和不足，不能够充分扮演和承担起推动"一带一路"国家间金融合作的专业化国际组织功能。"一带一路"国家间金融合作相关的区域性国际组织有东南亚国家联盟（Association of Southeast Asian Nations，ASEAN）、上海合作组织（Shanghai Cooperation Organization，SCO）、欧亚经济联盟（The Eurasian Economic Union，EEU）、欧洲联盟（European Union，EU）、非洲联盟（African Union，AU）、阿拉伯国家联盟（League of Arab States，LAS）、海湾阿拉伯国家合作委员会（Gulf Cooperation Council，GCC）、亚洲开发银行（Asian Development Bank，ADB）和亚洲基础设施投资银行（AIIB）等，但专门针对"一带一路"国家间金融与贸易合作的综合性或专业性国际组织还没有出现。现有相关区域性国际组织在推动"一带一路"国家间金融合作方面存在着五方面的缺陷和不足：

其一，覆盖范围有限。目前还没有完全覆盖"一带一路"国家的区域性经济、贸易与金融合作组织。"一带一路"国家主要分布在欧亚大陆和非洲地区，美洲和大洋洲国家也可以参与"一带一路"政治经济合作，那"一带一路"倡议不仅具有区域性影响，更具有全球化意义。由于"一带一路"国家不仅分布范围广，而且数量多，政治体系、人口规模、经济发展水平与历史文化差异较大，彼此之间基础设施互联互通、贸易发展与投融资合作需要一个能够对"一带一路"国家及相关经济体进行统一协调的国际组织。

其二，专业化不足，针对性不强。所谓专业化不足，是指目前影响"一带一路"国家间金融合作的全球性与区域性国际组织大多数是综合性组织，专门针对跨国金融合作的机构或者专业化组织还没有出现。现有涉及"一带一路"国家的区域性国际组织大多数是政治经济综合性组织，推动与协调跨国金融合作只是这些区域性国际组织的诸多职能之一，专业化优势不显著。跨国金融合作需要解决诸多现实问题特别是现实困难问题，需要具有协调与解决困难问题职能或者机制的区域化国际组织，而现有区域性国际组织还没有具有此职能者。

其三，组织间及组织内部的矛盾与冲突。一些国际组织之间存在着复杂的矛盾和冲突关系，例如独立国家联合体（Commonwealth of Independent States，CIS）、欧亚经济联盟与欧盟之间的矛盾和冲突，一些区域性国际组织内部不同成员之间也存在矛盾与冲突，例如独联体国家内部乌克兰、格鲁吉亚与俄罗斯之间的矛盾和冲突，阿拉伯国家联盟内部的矛盾与冲突，东南亚国家联盟内部的矛盾和冲突。

其四，协调职能不健全。分布在"一带一路"沿线的各种区域性国际组织虽然数量不少，但因为目标和职能差异，彼此之间的相互协调和联系较为薄弱，不仅存在矛盾与冲突的组织之间相互协调困难，彼此之间存在相关利益的关系密切的组织之间的协调也存在着诸多障碍和缺陷，例如阿拉伯国家联盟与海湾阿拉伯国家合作委员会之间、独联体国家与欧亚经济联盟之间的协调存在着复杂的政治经济影响因素。

其五，自主性不足。与"一带一路"国家紧密相关的区域性国际组织经常受到西方域外大国的影响和干预，参与推动跨国金融合作的自主性被

表2　　"一带一路"区域性国际组织的主要缺陷和不足

序号	缺陷和不足	表现	代表性区域性国际组织
1	覆盖范围有限	a. 区域性国际组织地理空间范围有限 b. 广泛覆盖"一带一路"国家的区域性国际组织还没有出现	（1）东南亚国家联盟（Association of Southeast Asian Nations，ASEAN） （2）上海合作组织（Shanghai Cooperation Organization，SCO） （3）欧亚经济联盟（The Eurasian Economic Union，EEU） （4）欧洲联盟（European Union，EU） （5）非洲联盟（African Union，AU） （6）阿拉伯国家联盟（League of Arab States，LAS） （7）海湾阿拉伯国家合作委员会（Gulf Cooperation Council，GCC） （8）亚洲开发银行（Asian Development Bank，ADB） （9）亚洲基础设施投资银行（Asian Infrastructure Investment Bank，AIIB）
2	专业化不足	a. 不存在推动"一带一路"跨国货币与金融合作的专业化国际组织 b. 现有区域化国际组织专业化不足	
3	针对性不强	a. 以推动"一带一路"国家间贸易、金融与投资合作为目标的区域性国际组织还没有建立 b. 区域性国际组织的目标和宗旨不明确	
4	矛盾冲突性	a. 不同区域性国际组织之间存在着复杂矛盾与冲突 b. 各区域性国际组织内部存在着复杂矛盾与冲突	
5	协调职能不健全	a. 区域性国际组织之间协调职能不健全 b. 同一区域性国际组织内部协调职能不健全	
6	自主性不足	a. 区域性国际组织受到域外大国不当干预 b. 区域性国际组织内部大国的不当关系与决策垄断	

弱化。区域性国际组织也可能受到内部部分成员国特别是政治经济力量相对较强的成员国的较大影响甚至垄断性影响，弱化了某些区域性国际组织的自主性。自主性不足必然影响到区域性国际组织的目标选择与运行效率，可能导致组织目标模糊和运行效率低下。可以用表2描述现存"一带一路"区域性国际组织在推动跨国金融合作方面存在的缺陷和不足。

从表2可以看出，现存"一带一路"区域性国际组织特别是区域化国际经济、贸易与金融组织不仅存在着覆盖地理空间范围有限、专业化不足、协调困难等缺陷，内外部矛盾冲突及自主性不足也抑制了这些区域性国际组织在推动"一带一路"跨国金融合作方面发挥积极作用。

简言之，现存影响"一带一路"国家间金融合作的全球性与区域性国际组织存在诸多缺陷和不足，不能够为"一带一路"国家间贸易发展、投融资与金融合作提供系统性、制度化组织平台，不利于相关国家的合作和区域一体化进程，需要设计和建构"一带一路"国家间金融合作的制度化组织及体系。

三 "一带一路"国家间金融合作制度化组织设计

为了弥补现有全球性与区域化国际组织存在的缺陷和不足，需要设计和构建新的跨国金融合作组织以推动"一带一路"国家间货币与金融合作。本文建议设计和构建新的区域性货币金融合作组织，主要是由中国政府倡议并发起、由相关国家或者国际组织共同参与筹建的"一带一路"货币基金组织（Belt and Road Money Fund，BRMF）、"一带一路"开发银行（Belt and Road Development Bank，BRDB）、"一带一路"金融合作组织（Financial Cooperation Organization for the Belt and Road，FCOFBR）及相关专业化区域金融合作组织。这些跨国货币金融合作机构的设计和构建，不仅可以作为"一带一路"国家间货币金融合作的制度化平台，还可以成为"一带一路"国家间贸易发展与投资合作的组织基础，甚至可以以此为基础再设计和构建其他范围更为广泛、一体化程度更高的"一带一路"国家间经济发展与投资合作组织，例如以此为基础构建"一带一路"贸易投资合作组织（Trade and Investment Cooperation Organization for the Belt and Road，TICOFBR）、"一带一路"自由贸易区（Free Trade Area for the Belt and Road，FTABR）、"一带一路"关税同盟（Belt and Road Customs Union，BRCU）、"一带一路"经济共同体（Belt and Road Economic Community，BREC）等。

第一，"一带一路"货币基金组织（BRMF）。该组织是由中国政府倡议并发起，由"一带一路"国家共同参与筹建的区域性货币组织。该组织的职能主要包括三个方面：一是稳定"一带一路"国家的汇率体系和金融市场体系，为"一带一路"国家之间的贸易发展与投融资提供稳定的汇率与市场环境；二是为平衡"一带一路"国家的国际收支提供融资工具与手段，当成员国国际收支不平衡特别是出现国际收支逆差时，该组织可以提供各种平衡工具，维护成员国的金融市场稳定，预防和控制各种可能的金融风险并防止货币危机的出现；三是推动"一带一路"国家储备货币体系构建与稳定运行，现有国际与区域储备货币体系还不能够完全满足"一带一路"国家对储备货币体系的需要，需要构建新的区域储备货币体系以弥补现有体系的缺陷和不足。该组织作为区域性货币金融组织，其组织形式和治理结构可以借鉴国际货币基金组织（International Monetary Fund，IMF）经验，并可以在三个方面进行管理与治理创新：一是创新组织机构，通过共商共建方式创新组织方式，使之适应"一带一路"国家金融合作的特殊需求；二是创新业务形式，适应全球化与互联网时代的需要；三是创新治理机制，为成员国共同参与创造平等机会的同时提高组织运行的效率。

第二，"一带一路"开发银行（BRDB）。该银行借鉴亚洲基础设施投资银行（AIIB）筹建与运行的成功经验，针对"一带一路"国家基础设施建设、互联互通、贸易发展与投资合作现实需求，由中国政府倡议，并由"一带一路"国家共同推动筹建，服务于"一带一路"国家之间的互联互通和产业发展。"一带一路"发展银行是"一带一路"国家服务的开发性新金融机构，其职能包括三个方面：一是为成员国或者与本银行密切的非成员国的互联互通与基础设施建设提供资金融通工具和条件，为成员国之间的贸易投资发展提供基础设施和公共产品支持。二是为成员国之间的开发合作提供金融工具和制度化平台。"一带一路"国家经济发展水平、地理区位、投融资能力等都存在着差异，需要一个开发性金融机构为彼此的合作提供纽带或者平台，推动经济资源在"一带一路"国家开发中跨区域、跨国与跨时优化配置，提高成员国资源配置效率和经济发展水平。三是为"一带一路"国家开发与经济发展筹集发展资金并维护成员国的金融发展利益和金融市场稳定。"一带一路"国家大多数为发展中国家与新兴经济体，基础设施建设、产业发展和资源开发需要大量的资金与资本投入，但各国单独筹措发展资金的能力毕竟有限，"一带一路"开发银行则可以弥补"一带一路"发展中国家与新兴经济体投融资能力不足的某些缺陷。当然，"一带一路"开发银行作为国际多边开发机构，也可以为非"一带一路"国家或者经济体的发展提供信贷支持，为全球剩余资金使用提供市场机会。

第三，"一带一路"金融合作组织（FCOFBR）。"一带一路"金融合作组织是在现有"一带一路"国家之间金融合作机制及相关组织的基础上，由中国倡议发起、由"一带一路"国家共同参与的政府间国际组织。该组织的主要目的在于协调成员国之间的金融利益关系、推动成员国之间的双边与多边金融合作、规范"一带一路"国家间金融活动与市场行为及为"一带一路"国家金融合作提供规则和制度化组织平台。具体而言，"一带一路"金融合作组织具有四方面职能：一是作为成员国政府间合作组织，为"一带一路"国家政府间金融合作提供制度化平台，推动"一带一路"国家政府在制定货币金融政策、维护金融市场稳定、共同应对区域性乃至全球金融风险与危机时相互磋商与合作。二是作为区域性跨国金融合作机构，为"一带一路"国家间金融合作提供规则体系、合作机制、法律支持、政策指导等制度保障。"一带一路"国家间金融合作需要各种规则体系加以规范，也需要内在的激励机制加以推动，还需要国际与国内法律支持，同时需要为各国政府提供各种政策咨询建议。三是协调"一带一路"国家金融合作过程中出现的各种权责与金融利益关系，针对"一带一路"国家间金融合作存在的各种矛盾、冲突与风险，提供解决方案和解决机制，推动"一带一路"国家的金融市场化与一体化发展进程。任何跨国金融活动都会产生各种利益矛盾和冲突，也不可避免会产生各种不确定性风险，甚至出现货币与金融危机，都需要跨国金融组织提供解决平台与方案。四是协调"一带一路"国家与其他国家、国际金融组织之间的金融利益关系，推动全球金融治理体系的完善与变革。"一带一路"国家需要一个能够代表其金融利益的国际组织参与全球金融治理以维护"一带一路"国家的整体金融利益，同时为全球金融问题提供解决方案。

简言之，"一带一路"国家间金融合作需要一系列的制度化组织平台，由中国政府倡议推动、"一带一路"国家共同参与构建的"一带一路"货币基金组织（BRMF）、"一带一路"开发银行（BRDB）和"一带一路"

国际金融合作组织（FCOFBR）三个区域性制度化国际组织，可以为"一带一路"国家间贸易发展与投融资合作提供制度化组织平台和组织保障，推动区域性与全球跨国金融合作和金融治理体系的变革与创新。

四 评述性结论

"一带一路"国家之间的金融合作需要制度化组织作为平台和组织保障，构建区域性乃至全球性的跨国金融合作机制与制度化组织体系是"一带一路"国家共同面临的任务。在筹建新的"一带一路"国家间金融制度化组织运行与治理过程中，需要遵循既具有全球普遍适用性又具有区域适应性的规则，同时制定合理可行的目标体系，引导"一带一路"跨国金融合作组织的健康稳定发展，推进国际货币与金融体系变革和国际政治经济新秩序的构建。现存影响"一带一路"跨国金融合作的国际组织覆盖地理空间范围有限、专业化不足且协调能力相对弱。中国政府倡议并主导推动筹建"一带一路"货币基金组织（BRMF）、"一带一路"开发银行（BRDB）和"一带一路"国际金融合作组织（FCOFBR）能够为"一带一路"国家间金融合作构建新的制度化平台和组织保障，推动全球金融治理体系的发展与变革。"一带一路"国家间金融合作作为"一带一路"国家政治经济合作的重要内容和基础，其制度化组织体系构建也是"一带一路"国家政治经济合作制度化组织体系构建的重要内容和基础，需要以中国为代表的新兴大国倡导推动和各国积极参与，也需要协调好与现有全球性与区域性国际组织的关系，化解存在于组织内部与组织外部的各种可能的金融利益冲突、矛盾、风险与危机。

On the Basic Principle, Target Choice and Solution Design of Financial Cooperation among the Belt and Road Countries

Bao Jianyun

Abstract The institutional organizations are needed as the platform and organizational guarantee for financial cooperation among the Belt and Road countries. In the operation of the newly established financial cooperation organizations for the Belt and Road countries, we not only need to follow the globally and regionally adoptable rules but also need to develop a reasonable target system. The Chinese government should propose and promote to build new international financial organizations, such as the Belt and Road Monetary Fund, the Belt and Road Development Bank and the Belt and Road International Financial Cooperation Organization, which can become not only the platform and organizational guarantee for financial cooperation organizations among the Belt and Road countries, but also the driving force to promote the development and change of the global financial governance.

Key Words The Belt and Road; International Financial Cooperation; Institutional Organizations

Author Bao Jianyun, Professor of School of International Studies, Dean of the Center for International Politics and Economy Studies, Doctoral Tutor of the major of World Economy, Renmin University of China.

"21世纪海上丝绸之路"的南海地缘政治风险及其治理路径

毛启蒙　韩冬临

【摘要】南海问题是"21世纪海上丝绸之路"在地缘政治上面临的重要风险。近年来，南海争端的升级以及美国、日本、印度等区域外大国不断强化其南海地缘战略，增加了南海问题的复杂性，并且使南海问题成为"21世纪海上丝绸之路"面临的地缘政治风险。本文借助治理理论的框架路径，在坚持"主权属我，搁置争议，共同开发"原则的前提下，就"共商、共建、共享"的理念，提出了若干对策建议。

【关键词】"21世纪海上丝绸之路"　南海问题　地缘政治　全球治理

【基金项目】中国—东盟区域发展协同创新中心科研专项和教育部长江学者和创新团队发展计划联合资助项目"东盟国家民众中国国家形象研究"（CW201516）。

【作者简介】毛启蒙，中国人民大学国际关系学院博士研究生，广西大学中国—东盟研究院、中国—东盟区域发展协同创新中心研究员；韩冬临，中国人民大学国际关系学院副教授，广西大学中国—东盟研究院、中国—东盟区域发展协同创新中心研究员。

"治理"是当代政治学发展的重要概念，对国际国内政治社会发展产生了深远影响。从学理上说，"治理"相对"统治"或"管理"而言，权力向度更趋扁平，不仅是权力主体的上下互动，而且更注重权力主体之间的合作、协商、伙伴关系，确立认同和共同的目标；在范围上，"治理"对象既可以是特定领土界限内的民族国家，也可以是超越国家领土界限的国际领域；在权威上，"治理"既源于政府的法规命令，也强调主体之间的自愿认同和共识。① 因此，作为因应国际国内形势、以开放促改革促转型、从海上构建面向亚非欧全方位开放型经济关系的重要方略，"21世纪海上丝绸之路"倡议既正视了相关各方利益差异巨大的现状，② 蕴含了丰富的治理思想，也是中国作为主权国家维护国家主权、增强国家战略安全、延展与周边各方共同利益的战略举措，自然也依赖于沿线地缘政治经济治理的"扩溢"效应。

一 "21世纪海上丝绸之路"的治理内涵

2013年10月3日，习近平在印度尼西亚国会演讲时提出，东南亚地区自古以来就是"海上丝绸之路"的重要枢纽，中国愿同东盟国家加强海上合作，使用好中国政府设立的中国—东盟海上合作基金，发展好海洋合作伙伴关系，共同建设"21世纪海上丝绸之路"。中国愿通过扩大同东盟国家各领域务实合作，互通有无、优势互补，同东盟国家共享机遇、共迎挑战，实现共同发展、共同繁荣。③继2013年9月中方提出"丝绸之路经济带"之后，"21世纪海上丝绸之路"倡议的提出，进一步标志着"一带一路"作为中国国家战略的创新、丰富和发展，体现了中国参与重构国际政治经济新秩序的新理念。

相对于西方发达国家在第二次世界大战后制定和实施的国际经济计划，"21世纪海上丝绸之路"倡议更突显了治理理念在区域和全球全方位开放型经济关系构建中的应用，即追求相关各方共同治理价值观念的契合、国际经济合作平台的开放以及平等伙伴关系的建立，主要强调经济结构互补、产业分工对接以及人文社会交融基础上的共同利益。具体来说，

---

① 俞可平：《当代西方政治理论的热点问题》，《学习时报》2002年12月16日；俞可平：《全球治理引论》，《马克思主义与现实》2002年第1期，第22页。

② 一些学者也提出，"21世纪海上丝绸之路"涉及国家多，跨越范围广，国家之间差异巨大，利益诉求难以统一，决定了它不能采取传统区域合作模式，而需要建立更多双赢或多赢的经济合作项目或贸易投资便利化、非排他性制度促进区域融合。参见黄茂兴、贾学凯《"21世纪海上丝绸之路"的空间范围、战略特征与发展愿景》，《东南学术》2015年第4期，第73页。

③ 习近平：《携手建设中国—东盟命运共同体——在印度尼西亚国会的演讲（2013年10月3日，雅加达）》，《人民日报》2013年10月4日，第2版。

经济层面上,"21世纪海上丝绸之路"倡议提供了丝路基金和亚洲基础设施投资银行(以下简称亚投行)的金融保障、区域全面经济合作伙伴关系协定(Regional Comprehensive Economic Partnership,RCEP)、"10+1"(东盟+中国)区域合作机制等治理型公共产品;① 政治层面上,善意合作的主观意愿构建了共同治理的基础,相对美日同盟构筑的东海地缘政治格局而言,中国与东南亚国家之间更具有相互合作的意愿,有助于化解"21世纪海上丝绸之路"的延展纵深限制,有利于以经济攻势突破美国政治介入南海的不利态势,② 避免中国陷入地缘格局单极化的泥沼。习近平总书记在2014年11月的中央外事会议上指出:"要坚持国际关系民主化,坚持和平共处五项原则,坚持国家不分大小、强弱、贫富都是国际社会平等成员。"由此,可以说,"21世纪海上丝绸之路"既离不开沿线特别是南海周边地区既有经济合作形成的治理型公共产品,也离不开治理型公共产品在实践中对地缘政治的反作用。

由于"21世纪海上丝绸之路"独特且重大的战略意义,它刚被提出就引起了国内各界的广泛关注,引发了大量分析研究。当前关于"21世纪海上丝绸之路"的研究,总体仍以宏观和中观的战略意义与对策研究为主,尽管都在一定程度上关照了沿线周边地缘形势,但从"21世纪海上丝绸之路"的地理指向和治理内涵来说,仍缺少对重点地区重点问题地缘政治风险的系统考察。易言之,重点地区由于特殊的战略意义,在全球战略博弈中自然也具有"双刃剑"效应,既可能发挥对"21世纪海上丝绸之路"纵深延展的示范、引领和激励效应,也会由于大国介入而加剧形势发展的复杂性。从中国东南沿海到亚非欧的海上地理指向中看,南海地区在当下显然具有十分微妙的复杂影响。国内学者吴士存、王义桅等就指出,随着中国融入区域一体化和经济全球化进程,尤其是中国—东盟自贸区的构建,南海通道安全对中国的重要性日益显露出来,③ 而围绕南海的中国—东盟自贸区,虽然是"21世纪海上丝绸之路"可以利用的平台,但也存在

---

① 陈相秒:《"海上丝绸之路"的东南亚地区》,2015年4月29日,http://www.zaobao.com/forum/views/world/story20150429-474006,登录时间:2017年2月22日。
② 王俊评、张登及:《"一带一路"之内涵及其对美中关系之影响》,《战略安全研析》(台湾)2015年第118期,第27页。
③ 吴士存:《地区安全格局中的南海通道安全》,载吴士存、朱华友主编《聚焦南海:地缘政治·资源·航道》,中国经济出版社2009年版,第59页。

一定的问题。①

由此参照有关学者对全球治理的理解，反观"21世纪海上丝绸之路"也可发现，这一倡议试图构建的，显然不应是传统意义上基于国与国的经济关系格局或沃勒斯坦所说的"中心—边缘"格局，而是一种基于相互依赖体系和结构的全球经济关系，②强调经济互通与人文交流融合。因为只有这样，才能避免霸权主义或单边主义的困境，真正实现"21世纪海上丝绸之路"的治理目标。可以说，共同治理关系既是"21世纪海上丝绸之路"的基本内涵，也是化解沿线地缘政治风险的客观要求。与之前的"统治"概念不同，治理更加强调多元化和扁平化。在多元治理中，其主体不仅可以包括不同的国家和地区，也可以包括各类公共机构、私人机构和各类组织，治理主体之间既可以是合作关系，也可以是相互竞争和博弈的关系。

二 南海共同治理："21世纪海上丝绸之路"的现实基础

从"21世纪海上丝绸之路"的地缘布局看，南海地区无疑是重要的战略起点和重点地区，一方面是历史上形成的"10+1"峰会、中国—东盟自贸区、环北部湾经济合作论坛以及泛北部湾次区域合作等，在搭建中国与东南亚国家对话协作平台的同时，还培育了共同的价值观念基础、规则制度保证和治理操作体系。③另一方面则是南海特殊的地缘战略价值，使得"21世纪海上丝绸之路"在这一地区建设时，仍然可能面临来自内外部的诸多不确定影响，值得我们就其可能产生的地缘政治风险进行充分考察。

（一）发展理性是南海共同治理的核心价值

共同利益最大化是全球治理的核心价值。南海共同治理的基础，源于

---

① 王义桅：《"一带一路"：机遇与挑战》，人民出版社2015年版，第64页。
② ［日］星野昭吉：《全球政治学——全球化进程中的变动、冲突、治理与和平》，刘小军、张胜军译，新华出版社2000年版，第156—157页。
③ 任剑涛：《在一致与歧见之间——全球治理的价值共识问题》，《厦门大学学报》（哲学社会科学版）2004年第4期，第5页。

中国与东南亚国家相似的历史经历、集中精力发展经济的理性及其观念的契合，直接结果表现为20世纪80年代以后东南亚地区经济的快速崛起、全球经济重心的东移以及地区和国际政治经济秩序的逐渐重构。以多元共存、相互协作、互利共赢等为导向的发展理性，逐步取代了零和博弈的冷战思维，构筑了南海共同治理的核心价值。

从发展理性的形成背景和动力看，冷战结束以后，东南亚国家逐渐放弃了政治军事集团的零和博弈与意识形态之争，转而集中精力发展经济。同时，由于美国在苏联解体后收缩了在东南亚的战略力量，南海地区至今未能形成任何一两个大国就能主导的地缘权力格局。这就为东南亚中小国家的经济合作与区域整合提供了十分有利的环境。李向阳指出："在亚洲，由于大国之间在非经济领域的分歧，区域一体化进程长期以来则是由这一地区的小国集团——东盟所推动的"[1]。而正是这种发展理性，促成了东南亚国家与中国基于共同利益最大化的相互协作。详言之，其一是20世纪80年代以后，中国与南海周边国家逐渐成为继"东亚四小龙"以后的新兴经济增长极，集中精力发展经济的理性诉求开始主导国家的对外政策；其二则是经济发展的"扩溢"效应，促使南海周边国家出于维护地区稳定的考虑，搁置了部分主权政治争端，通过签署《东南亚友好合作条约》、成立东盟组织等措施防止冲突和争端升级，确保各方利益最大化，构筑了此后中国—东盟自贸区体制以及"黄金十年"的基础性共识。李金明认为，"对于南沙群岛争议，中国与有关的东盟国家都知道，在可预见的将来是难以得到解决的，但是，各国都有维持该地区和平稳定的共同愿望，以便能集中精力发展经济"[2]。近年来，学者们进一步呼吁加强南海地区经济协作，成立南海区域经济合作组织，[3] 这些都反映了发展理性及其成果对共同治理体制机制深化所产生的影响，维护了南海地区地缘政治的总体性稳定与繁荣。

---

[1] 李向阳：《论海上丝绸之路的多元化合作机制》，《世界经济与政治》2014年第11期，第8页。
[2] 李金明：《南海波涛——东南亚国家与南海问题》，江西高校出版社2005年版，第126页。
[3] 吴士存：《推动南海区域经济合作，实现区域经济共同繁荣——在"南海区或经济合作国际研讨会"开幕式上的主旨发言》，载吴士存、朱华友主编《聚焦南海：地缘政治·资源·航道》，中国经济出版社2009年版，第279页。

（二）协作机制是南海共同治理的制度保障

制度规则与政策沟通是全球治理的重要保障。近年来，以"金砖国家"为代表的合作，反映了经济协作对政治协作以及共同治理的促进功能。同样，中国与东盟国家建立的中国—东盟自贸区等协作性机制，也发挥了制度规则与政策沟通在引导各方共同治理行为上的作用。

20世纪90年代，面对与南海周边国家的主权争端，中国从维护地区繁荣稳定大局出发，提出"搁置争议，共同开发"的主张，得到了南海周边大多数国家的接受与认同，为双方制度化协作机制以及政策沟通渠道的畅通奠定了基础。此后，从2000年11月中国提出建立中国—东盟自贸区的设想，到2010年全面启动、中国计划出资100亿美元设立"中国—东盟投资合作基金"，再到2013年倡议打造和商签中国—东盟自贸区"升级版"等，这期间取得的积极成效，展现了相关各方基于共同利益最大化、渐进推进协作机制构建的探索与实践。与此同时，包括"10+1"峰会、泛北部湾经济论坛等，则为各方协商对话与解决矛盾提供了实质性平台和渠道，促使相关各方遵从治理型协作机制和约束自身行为，兼顾经济与政治之间的潜在张力，避免因非经济性矛盾冲突而损害既有的共同治理格局及消耗前期付出的巨大成本，加速责任共担型治理关系的深化。

（三）权威分散是南海共同治理的外部条件

任何地区治理格局的构建都无法在封闭的环境中实现，南海共同治理同样如此。相对中国东海已经巩固的以美日同盟制衡中国大陆的地缘政治生态而言，南海局势最大的特点，便是地区主导性权威的分散。详言之，冷战以后，南海地区尽管战略价值不断突显，但始终未形成任何一两个大国就能完全主导和控制的政治经济秩序，地缘政治权威或主导性影响散布于东盟、中国、美国等多个国家或地区国际组织主体。而正是这样一种权威的分散，有助于南海地区形成更加扁平化的国际权力关系，有助于区域内相关各方的自我调节。具体表现有以下三个方面：一是东盟国家共同利益与相互分歧的并存，促使它们意识到合作共治的必要性，即通过权力结构的扁平化实现相互合作与相互牵制，防范任意一方在危机或地缘政治中

"坐大"；二是东盟作为东南亚国家的政府间组织，有利于其内部国家的结盟与一致对外；三是区域外大国关于南海局势的行为往往相互掣肘，无法形成对南海地区的实质性主导或控制。

由这种权威分散状态的影响看，东盟国家在与中、美、日、印等大国进行经济、政治以及军事安全交流合作时，一方面由于力量的不均衡性，另一方面则由于大国之间的相互掣肘，南海周边国家能以结盟来增强其集体话语权，避免在地区权威自上而下的格局中"选边站"的博弈困境。卢明辉曾提出，东盟正在利用中、美、日等大国之间的博弈扩大其自身在东南亚的话语权，已然成为亚太四极中的一极，[①] 甚至主导了地区政治经济秩序的发展。

所以，发展理性的核心价值、经济协作的规则保障以及大国权威分散的地缘政治特质，构成了南海共同治理的基础、条件与保障。"21世纪海上丝绸之路"作为立足南海、延伸亚非欧的全方位开放型经济关系，显然需要在借鉴南海共同治理经验的同时，密切关注南海地区局势的变动和发展。可以说，南海共同治理格局的繁荣稳定抑或动荡冲突，直接关系到"21世纪海上丝绸之路"的顺利延展。

三 南海地缘政治风险对共同治理的影响

在南海共同治理模式的形成与发展中，主权争端作为最突出的地区政治议题，对共同治理产生着结构性影响，亦成为"21世纪海上丝绸之路"建设面临的首要地缘政治风险。[②] 如吴士存和郑泽民等学者所说，"中国在发展与东盟的关系时，面临维护国家海洋权益与发展睦邻友好关系的矛盾"，[③] "传统地缘政治的争夺、地缘经济的振兴及资源政治的纷争相互交错与有机统一，日益成为南海地区最基本的'地理'因素"[④]。因此，从南海主权争端出发，分析南海共同治理所面临的挑战，可能是考察"21世纪

[①] 卢明辉：《南海争端与东南亚国家的扩军》，《南洋问题研究》2006年第4期，第37页。
[②] 刘文波：《南海问题与中国"21世纪海上丝绸之路"建设》，《东南学术》2016年第3期，第18—25页。
[③] 吴士存：《南沙争端的起源与发展》（修订版），中国经济出版社2013年版，第178页。
[④] 郑泽民：《南海问题中的大国因素——美日印俄与南海问题》，世界知识出版社2010年版，第29页。

海上丝绸之路"地缘政治风险的应有之义。

（一）主权争端与资源争夺的交织性

发展理性既是南海共同治理、稳定南海地缘政治的观念基础，也在一定程度上造成了领土主权争端。从20世纪60年代末南海探明丰富油气资源后，南海周边国家加紧了对南海海域、岛礁和经济资源的抢占和开发，而获利冲动又不断提升南海主权争端的强度，损害了有关国家与中国在共同治理中形成的政治互信。

从南海主权争端的生发过程及其对共同治理的影响看，1982年《联合国海洋法公约》通过后，部分国家通过军事行动加紧对南海岛礁非法抢占，主张对所谓"无主岛"的"发现权"或"先占权"，造成与中国固有主权权益的直接冲突。此后，中国从维护地区稳定的大局出发，建议"搁置争议，共同开发"，并通过"10+1"对话、《东南亚友好合作条约》等平台和机制为南海主权争端降温。2002年，中国与东盟国家签署政治性文件《南海各方行为宣言》，旨在以此作为规制性文件"南海行为准则"的基础，争取各方以和平方式解决南海争议，中国承诺不使争端扩大化和复杂化，降低地缘政治冲突发生的可能性。然而，随着南海经济开发的加快，捆绑着经济资源争夺的主权争端也呈升级态势，限制了经济共同治理对政治与安全领域的"扩溢"效应，导致地区军备竞赛不断升级和地缘政治风险加剧。

（二）中国海上崛起与东盟地缘利益的冲突性

南海战略力量的失衡增加了南海地缘政治风险。中国海洋战略和海上执法力量的发展，加之美日同盟在东海制衡中国大陆的地缘政治格局的巩固，突显了南海对中国海洋战略以及"21世纪海上丝绸之路"的重要性。时永明就提出，东亚地缘政治的特点决定了南海问题涉及中国主权资源安全、海上通道安全和战略环境安全三个方面。[1] 对中国来说，尽可能降低

---

[1] 时永明：《南海地区形势与我东亚安全战略》，载吴士存、朱华友主编《聚焦南海：地缘政治·资源·航道》，中国经济出版社2009年版，第195页。

南海地缘政治风险，维护好既有共同治理关系，对"21世纪海上丝绸之路"具有重要意义。

从战略面向看，中国"南下"在扩大"21世纪海上丝绸之路"战略纵深的同时，也改变了南海地缘政治与共同治理格局中的均势。中国与南海争端国家的海上摩擦和矛盾，构成了影响中国与东盟国家关系的一个重要因素，而继续推进与东盟的全面合作又构成了当前中国对外战略的必然选择。[①] 中国日益坚决的维权行动，引起了南海周边国家对中国海上崛起意图的忌惮，担心中国在地区的经济布局会因为海上战略力量的崛起而转变为政治上的主导。与此同时，由于南海主权争端与经济资源争夺之间的交织性，一些国家往往还将国内经济矛盾的焦点转移到南海议题上，煽动国内民族主义情绪，从而引发对华政策的波动。例如，印尼强烈的民族主义倾向、人治大于法治、军方对政治的强势影响等一系列因素，都对中印尼关系发展构成了挑战。[②]

在正视风险的同时，我们也注意到，东盟内部也并非铁板一块，由于中国与老挝、柬埔寨、泰国等国家在历史上的联系，它们能在东盟内部协调对华立场。其他多数东盟国家也出于种种原因，总体上仍坚持以和平对话解决矛盾，尚未在南海争端中形成对华立场的一致性。有研究指出："在不损害有关成员国利益的前提下，在南海问题上，东盟与中国的争端的存在，可以弱化东盟内部在南海问题上的矛盾，客观上对东盟整体的政治团结有益。但是，东盟的相关成员国则追求本国的利益，在利益选择和协调时较为困难。"[③] 因此，在深化南海共同治理、推进"21世纪海上丝绸之路"建设时，东盟仍然是团结、具有一定可塑性的合作对象。

（三）大国介入与南海共同治理的困境

南海重要的地缘政治地位，使这一地区的稳定不仅涉及区域内国家的

[①] 刘中民：《冷战后东南亚国家南海政策的发展动向与中国的对策思考》，《南洋问题研究》2008年第2期，第31页。

[②] 韦红：《印尼国内政治对中国印尼共建海上丝绸之路的影响及对策》，《社会主义研究》2016年第3期，第145—150页。

[③] 韩锋：《中国与东盟关系中的南海问题》，载吴士存、朱华友主编《聚焦南海：地缘政治·资源·航道》，中国经济出版社2009年版，第152页。

主权与管辖权之争,还直接影响了亚太地区的和平与安全,① 南海成为区域外大国长期的"重点关切对象"。赵理海认为,"南海诸岛问题,不但关系到周边的六国七方,而且涉及区域外的大国。世界上任何其他地方都找不到如同南海地区那样,中、美、俄、日等国都在不同程度上牵连其中"②。区域外大国介入南海地缘政治,既扩大了南海共同治理格局的内部博弈,也埋下了南海地缘政治的风险隐患。

首先,美国重返亚太正在深刻改变南海共同治理的地缘政治生态。近年来,美国通过军售、联合军演、人员培训、"跨太平洋伙伴关系协定"(TPP)等措施,积极回应南海争端国家拉拢美国平衡中国海上崛起的要求,通过不断加强与东南亚国家在经济、政治、军事等方面的交流合作,试图以插手南海地缘政治的方式分化中国与东盟国家之间的共同治理格局。同时,随着中美大国关系在全球政治经济新秩序构建中的逐步突显,美国从正视中国陆地优势、维护自身全球领导地位和海上霸权的角度出发,不得不从海上以更具威慑性的策略平衡中国的战略意图。③可以说,美国重返亚太正是抓住了东南亚国家对"中国威胁论"的恐惧而形成了与东南亚国家的共同利益,④ 改变了南海问题仅限于双边争议的特征,⑤"使得南海问题从原本就不是中美之间的课题,演变发展为有可能导致中美'有限较量',进而在东南亚地区一决高下的突出问题",⑥ 损害了中国与南海周边国家在共同治理中形成的区域安全共识和机制,增加了冲突的可能性。

其次,持续、积极地"关注"南海事态也是日本的重要战略关切。⑦ 20世纪70年代以后,随着日本经济快速崛起,南海航道安全对日本的战略意义愈加突显,促使日本以"航行自由"、"海上贸易安全"、"利益攸

---

① 吴士存:《南沙争端的起源与发展》(修订版),中国经济出版社2013年版,第10页。
② 赵理海:《关于海南诸岛的若干法律问题》,《法制与社会发展》1995年第4期,第61页。
③ 胡波:《中美在西太平洋的军事竞争与战略平衡》,《世界经济与政治》2014年第5期,第64—84页。
④ 郑泽民:《南海问题中的大国因素——美日印俄与南海问题》,世界知识出版社2010年版,第66—68页。
⑤ 鞠海龙:《当代南海问题的函数解析——兼论两岸关系对我国和平解决南海问题的影响》,《东南亚研究》2009年第6期,第42页。
⑥ 刘锋:《南海开发与安全战略》,学习出版社、海南出版社2013年版,第137页。
⑦ 郑泽民:《南海问题中的大国因素——美日印俄与南海问题》,世界知识出版社2010年版,第145页;王传剑:《日本的南中国海政策:内涵和外延》,《外交评论》2011年第3期,第100页。

关"、"维护海上生命线"为名义,加紧构筑与东南亚国家的联系,①并暗中支持南海争端国家与中国对抗,以达到牵制中国崛起、主导亚洲事务、抢占经济资源的目的。②此后,日本在北方与俄罗斯主权争端的非均衡性,也促使其积极转而向南发展,借助美国重返亚太向东南亚施加其影响力。此外,近年来中日关系的紧张促使日本加速将原在华产业向东南亚转移,事实上也与中国的海外经济战略形成了直接冲突。因此,从一定意义上说,除美国的继续强势存在外,中国的迅速崛起与日本的大国追求之间正在形成现实的对撞,并将在根本上决定东亚战略结构的未来走向,③增加了南海问题的复杂性。

最后,对区域外另一个大国印度来说,南海周边作为印度的亚洲战略腹地,是印度东进太平洋以及中国西进印度洋的战略通道,对中印关系和"21世纪海上丝绸之路"具有十分显要的战略意义。尽管中国在提出"一带一路"时积极评价印度在其中的重要作用,但从印度官方的反馈看,其态度仍显保守,反映了印度对"一带一路"倡议微妙和复杂的看法。"21世纪海上丝绸之路"作为从海上面向印度洋的纵深延展,其地缘政治布局显然也会对印度战略安全格局产生潜在影响。④在印度看来,由于美日与中国的结构性矛盾及东亚地缘政治的特点,印度实际上处于一种左右逢源的有利位置。同时,"21世纪海上丝绸之路"对南海周边特别是印度洋国家的吸引,加之中国与巴基斯坦、孟加拉国、马尔代夫等在港口设施建设上的合作,让印度觉得中国的"一带一路"倡议有牵制印度的意图,相关港口设施也被视为中国海上力量在印度洋远程投送的"珍珠链",这些因素促使印度转而对南海争端施加影响,从而制衡中国向印度洋的发展。

总的来说,南海主权争端的影响表现为治理格局的失衡和复杂化,即区域外大国对中国崛起忧虑的加深,以及南海对中国战略纵深拓展意义的逐渐突显,增加了争端扩大化的风险。⑤因此,如何跳脱南海主权争端造成的南海治理困境,引导南海相关各方通过双边谈判解决问题,提升南海共

---

① Ian Storey, "Japan's Maritime Security Interests in Southeast Asia and the South China Sea Dispute", *Political Science*, Vol. 65 No. 2, p. 135.
② 李金明:《南海波涛——东南亚国家与南海问题》,江西高校出版社2005年版,第112页。
③ 王传剑:《日本的南中国海政策:内涵和外延》,《外交评论》2011年第3期,第107页。
④ 林民旺:《印度对"一带一路"的认知及中国的政策选择》,《世界经济与政治》2015年第5期,第50—56页。
⑤ 阮宗泽:《中国需要构建怎样的周边》,《国际问题研究》2014年第2期 第14页。

同治理的可塑性及其之于"21世纪海上丝绸之路"的示范作用,显然是值得考虑的重要现实问题。

四 南海地缘政治风险的治理路径

美国历史学家斯塔夫里阿诺斯曾在回溯古代丝绸之路的影响时这样说道:"所有这些发展引起社会关系、政治组织、生活方式和谋生之道等方面的深刻变化。如此根本而全面的大动乱是使人不安、令人不适的。"[①] 约瑟夫·奈也曾说:"在一个相互依赖的世界里,采用一种全球单边主义战略来指导美国的外交政策是不可能的。"[②] "21世纪海上丝绸之路"作为中国在新形势下立足东南亚、面向亚非欧构筑的新型国际政治经济关系,可能也需要尽可能减少因倡议建设的"蝴蝶效应"而对他国政治社会生态产生过大冲击。充分分析相关国家的产业结构、发展阶段、贸易特征[③]以及人文社会特点,这样,"治理"关系作为一种软性合作关系,就有利于避免单边主义与合作中的"独白"。由此,反观南海共同治理给"21世纪海上丝绸之路"带来的影响,则需要借鉴和利用好南海共同治理的经验,通过治理的深化化解南海主权争端所产生的地缘政治风险。

第一,借鉴南海共同治理经验,将东亚文明中善治、和谐、以人为本等价值观转化为"21世纪海上丝绸之路"沿线国家及其人民的共同福祉,构建命运共同体。通过审视南海地缘政治风险的产生可以发现,对历史的共同记忆以及对发展的追求,构成了中国与"21世纪海上丝绸之路"沿线国家的命运相通之处。可以说,发展理性既是南海共同治理的观念基础,也是南海主权争端的重要原因。这就要求我们在正视和理解相关国家经济诉求的同时,继续奉行"主权属我、搁置争议、共同开发"的原则,以"共商、共建、共享"寻求沿线国家对"21世纪海上丝绸之路"之协作机制的参与,慎重和避免简单从战略甚至军事意图解释包括"21世纪海上丝绸之路"在内的"一带一路"倡议,而要将思考和宣传的重点放到让有关

[①] [美]斯塔夫里阿诺斯:《全球通史:从史前史到21世纪》(第7版修订版)(上册),北京大学出版社2006年版,第86页。

[②] [美]约瑟夫·奈:《美国注定领导世界?——美国权力性质的变迁》,中国人民大学出版社2012年版,第211页。

[③] 王义桅:《"一带一路":机遇与挑战》,人民出版社2015年版,第191页。

国家及其人民从"21世纪海上丝绸之路"切实受惠上来，放到政策沟通、道路联通、贸易畅通、货币流通、民心相通上来。特别强调"共商、共建、共享"的理念，激发沿线国家建设"21世纪海上丝绸之路"的热情。① 同时，推进各领域人才交流与共同培养计划，挖掘中国与东南亚国家文化相通、血脉相亲、具有天然合作基础的传统基因，发挥高校跨国联合培养项目的作用，夯实共同治理的社会基础，为"21世纪海上丝绸之路"的"五通"提供高质量的人力资源支撑，彰显以人为本的价值导向。同时，在调整自身经济结构时，注意加强与沿线国家在产业导向和政策方面的对接沟通，统筹亚欧产业规划布局，尽最大努力减少重复投资，降低贸易门槛和技术壁垒，切实提高投资质量，积极构建跨境科技研发机制。② 培育同理心，防止出于私利而将"三高一低"产能向沿线国家转移，通过跨国产业的纵向与水平分工、对接与合作，与沿线国家分享科技创新带来的收益，逐步化解它们对"一带一路"倡议的疑虑，巩固相关各方的政治互信，降低地缘政治冲突的风险。

第二，尊重文明多样性，细致做好"21世纪海上丝绸之路"沿线国家的工作，构筑更为人性化的共同治理格局。南海共同治理的形成场域，是儒家文明、东南亚佛教文明和印度文明之间形成的良性合作关系，而这种合作关系及其收益的产生，源于相关各方对地缘政治风险的共同管控。正如有关学者所说，中国需要一个稳定的周边环境，而周边国家也需要一个繁荣稳定的中国。③ 相对南海共同治理场域，"21世纪海上丝绸之路"更是跨越了儒家文明、东南亚佛教文明、伊斯兰文明、印度文明以及非洲欧洲文明等多个"文明断裂带"，这是亨廷顿所认为的文明冲突多发的地带。如何化解文明之间的差异及潜在冲突，需要我们构建更为多元包容的政治经济秩序。一是以史为鉴，避免陷入过去西方发达国家在国际经济援助中试图以"普世价值"作为衡量标准的困境，坚持包容与尊重的态度，主动了解、充分尊重和真诚感受不同文明的多样性，努力寻求不同文明在经济社会发展中所形成的共同价值和利益；二是努力发挥各方优势、潜能与主

---

① 曾向红：《"一带一路"的地缘政治想象与地区合作》，《世界经济与政治》2016年第1期，第46—71页。
② 王元等：《共同建设"21世纪海上丝绸之路"新格局》，《东南亚纵横》2014年第10期，第30—32页。
③ 阮宗泽：《中国需要构建怎样的周边》，《国际问题研究》2014年第2期，第12—13页。

动性，尽早实现"政策沟通、道路联通、贸易畅通、货币流通、民心相通"。此外，对于中国而言，在成立亚投行等"21世纪海上丝绸之路"支撑性机制的同时，注意相关地区人才的培养，吸引相关国家人才参与到"21世纪海上丝绸之路"的政策制定中来，充分关照沿线不同国家的政治经济差异，使公共产品的产出能更有效回应有关国家在发展经济、调整产业结构、改善人民生活等过程中产生的不同需求。

第三，灵活运用"硬实力"与"软实力"，既要发展好"21世纪海上丝绸之路"，也要维护好本国的核心利益。南海共同治理的形成并非任何强制暴力的结果，而是源于有关各方在合作中逐渐形成的观念共识与共同利益。"21世纪海上丝绸之路"的治理关系的构建，自然也意味着强权在国际秩序构建中的弱化，但这并不意味着完全否认"硬实力"的作用。有学者就提出，"一带一路"与区域外大国存在利益竞争或冲突，是国际政治经济中的客观现象，[①] 在未来一段时期，包括南海争端国家和区域外大国，仍然会将制衡和牵制中国作为其国际战略的主要内容。这就需要我们善用"硬实力"与"软实力"，一方面要对挑头寻衅滋事的争端国家实施有效制约，将区域内矛盾管控于共同治理的限度内，另一方面则要在深化与南海周边以及"21世纪海上丝绸之路"沿线国家经济合作的同时，善用全球经济战略，形塑大国之间的共同利益，化解双方政治冲突的潜在风险，将战略博弈控制在限度范围内。可以说，区域应对全球共同挑战的关键，在于通过共同治理提供全球公共产品。同时，有礼有节地通过安全对话机制、反恐与打击毒品犯罪、联合军事演习、海上搜救演练等措施，与沿线国家逐步构建区域性共同安全观，建立责任共担与风险同防的治理关系格局，从而在治理内部逐步降低地缘政治风险。发挥中国基础设施建设的优势，在东南亚建设互联互通的海上运输网络。[②] 此外，积极加强与沿线国家的人文交流，宣扬、传播和实践以合作共赢等观念为核心的全球治理价值观，选择重点国家深化合作，发挥政府的服务引导功能，将治理价值与经济协作的实践有机结合。由此，以点带面，争取更多国家对"21世纪海上丝绸之路"共同治理格局及其绩效产生实际感知、主动接受从而内

[①] 杨晨曦：《"一带一路"区域能源合作中的大国因素及应对策略》，《新视野》2014年第4期，第124页。

[②] 杨程玲：《东盟海上互联互通及其与中国的合作——以"21世纪海上丝绸之路"为背景》，《太平洋学报》2016年第4期，第73—80页。

心认同,从"软实力"和"软环境"构建上减少地缘政治冲突的风险。

The Geopolitical Risk in the South China Sea Faced by the 21st Century Maritime Silk Road Initiative and Its Possible Solutions

Mao Qimeng   Han Donglin

Abstract   The South China Sea issue is one of the key risks in the geopolitics of China's 21st Century Maritime Silk Road project. Recently, due to the escalation of the South China Sea dispute and the influence of the major power such as U.S., Japan and India, the South China Sea issue has become increasingly complex. Based on the framework of governance theory and the principle of "Sovereignty belongs to me, shelving disputes and joint development", this paper suggests several possible solutions by the ideas of "co-consulting, co-building and co-sharing".

Key Words   21st Century Maritime Silk Road Initiative; South China Sea Issue; Geopolitics; Global Governance

Authors   Mao Qimeng, Ph. D. candidate, School of International Studies, Renmin University of China, Research Fellow of China-ASEAN Research Institute and China-ASEAN Collaborative Innovation Center for Regionally Development; Han Donglin, Associate Professor, School of International Studies, Renmin University of China, Research Fellow of China-ASEAN Research Institute and China-ASEAN Collaborative Innovation Center for Regionally Development.

政治政策

Politics and Policies

南海地区功能性合作：中国的视角[*]

查道炯

【摘要】2010年以来，南海相关问题已经占据地区外交事务的重要甚至是中心地位。从推动地区外交朝着良性互动的角度看，如何降低南海问题对本地区外交所造成的困扰，很值得继续探讨。地缘政治逻辑的方式没有获得其支持者期待的积极收益，转向功能性合作或许能够对通过划界解决南海争端产生直接影响。本文的假设是，相较于信任，信心更足的参与方将更看重合作的价值，倡议南海各方将渔业和民用航空作为"先易后难"合作的可能领域，以此作为寻求减少对抗的一种解决方案。

【关键词】南海　功能性合作　渔业　民用航空

【作者简介】查道炯，北京大学国际关系学院教授，博士生导师。

南海争端长期困扰着中国与一些东南亚国家之间的政治关系。2010年以来，南海相关问题已经占据地区外交事务重要甚至是中心地位，这令众多观察家困惑不已。南海主权和权益争端各方有许多机会反复重申自己的主张，相互之间讨价还价，同时，各方都试图赢得公众舆论的支持。从推动地区外交朝着良性互动的角度看，如何缓解南海问题对本地区外交所造成的困扰，有必要拓展新思维继续探讨。

---

[*] 本文是作者为出席2016年7月12日在老挝首都万象举行的亚洲和平与和解委员会年会所准备的书面发言。原稿为英文，由广西大学中国—东盟研究院王海峰博士、蓝襄云翻译，并经作者订正。作者感谢中国驻泰国和老挝大使馆官员为出席会议所提供的帮助。

一 功能性合作与地缘政治挑战

与世界其他地区的问题类似，南海所有的利益攸关方面临的核心挑战主要有两类：功能性挑战和地缘政治挑战。与此同时，用分类词汇确认这些挑战相对容易，但要在采取什么行动、如何确定行动步骤来应对挑战等问题上达成共识则非常艰难。自2009年以来，我们不难观察到，东亚正趋向于选择从地缘政治的视角去思考并设计与南海（以及整个亚洲海洋）相关的政策。

的确，对于研究当代东亚海洋外交的学者来说，当论及南海国家层面的互动时，这一地区还没有解决"先有鸡还是先有蛋"的问题之争，即功能性合作与战略信任谁该为先（谁是先决基础和条件）的问题。学界中有一派的观点认为功能性合作是构建信任（提升信任）的措施，另一派则认为，没有战略信任，即便有所构想的功能性合作，也不可能得到推进。

如何确定"合作—信任"等式里两者的顺位是一个难题，这可能已经超越了亚洲和平与和解委员会（Asian Peace and Reconciliation Council，APRC）的目标。本文的假设是，相较于信任，信心更足的参与方将更看重合作的价值。

二 功能性合作的案例

可以说，2010年7月在越南河内举行的第十七届东盟地区论坛外长会（ASEAN Regional Forum，ARF）促成以地缘政治为主流视角来审视南海问题。然而从那时起，以地缘政治主导解决南海领土争端，就成了东盟主导的外交擂台上唯一突出的议题。这增加了我们对东盟忘记其促进地区繁荣和凝聚力的根本使命的担忧。并且，尽管2015年正式建立了东盟经济共同体，但自2011年以来，东亚峰会也从早期强调经济和功能性合作转向了政治与安全议题。

很难预见南海问题的前景，但未来应该是现状的延续。没有任何一方对地缘政治主导南海问题和地区其他议题所导致的结果感到满意。

于是，许多专家和观察家提出另外一种解决南海争端的方式，即南海问题利益攸关方参与功能性合作。这种观点并无新意，放眼东亚，众多认知共同体都已倡导并实践功能性合作。

然而，何谓"功能性合作"？在东盟的既有文本中，1992年第四届东盟首脑会议发布的《新加坡宣言》提出了11个合作领域，这些领域包括人力资源发展、环境合作（尤其是跨境污染、自然灾害、森林防火和热带木材保护），以及打击跨国犯罪和预防传染病等。

在某种程度上，在东盟的话语中，"功能性合作"创造性地替代了如国际发展方面的"能力建设"这类词。笔者认为，上述合作的"功能"维度，指的是合作目标是帮助加强东盟内部凝聚力，而不仅是为提高成员国各自的国家安全和社会福利。

从那时起，东盟取得了长足的发展，"东盟中心"理念帮助提升了整个地区的韧性水平。东盟的实践证明了对东盟持怀疑态度是错误的，尤其是对东盟与亚太及其他地区的主要外交对象打交道能力的怀疑。东盟内部功能性合作的收益无疑已经超越东盟组织本身，外溢到其他地区。

东盟（兼指东盟整体或某个成员国）与中国之间的众多合作项目可以被视为"功能性合作"项目。许多项目可以追溯至中国与东盟成员国，以及与东盟建立正式外交关系之前。[①] 功能性合作是以智慧为支撑基础，证据之一是思想库网络组织的建立。这个思想库网络组织在东盟与中日韩"10+3"领导人峰会上得到正式承认，它作为连接东亚思想库网络、政府和企业的知识桥梁，促进三方的互动。该组织致力于研究东亚合作中的关键性问题，为地区一体化提出战略性观点和具体的政策建议，向"10+3"领导人峰会提交政策报告。[②]

《南海各方行为宣言》（Declaration on the Conduct of Parties in the South China Sea, DOC）的第六条规定，有关各方可探讨或开展合作，主要领域为海洋环境保护、海洋科学研究、海上航行和交通安全、搜寻与救助，以及打击跨国犯罪——包括但不限于打击毒品走私、海盗和海上武装抢劫，以及非法军火交易。

《南海各方行为宣言》第六条的文本开篇就指明"在全面和永久解决争端之前"，但是这一运作方式并未妨碍2004年中国—东盟联合工作组为落实《南海各方行为宣言》而建立。工作组的主要任务是为促进合作提供

---

① Ralf Emmers, editor, *ASEAN and the Institutionalization of East Asia*, Routledge, 2012.
② 参见东亚思想库网络官方网站。

建议。

《南海各方行为宣言》第六条还规定："在具体实施之前,有关各方应就双边及多边合作的模式、范围和地点取得一致意见。"这可以被理解为一项政治性的保障措施,即合作中出现所有权争议时,要认识到合作项目关联着合作各方的国内复杂性。

《联合国海洋法公约》（United Nations Convention on the Law of the Sea, UNCLOS）要求其签约国履行开发和保护海洋和海洋相关资源的义务。所有的国际法都规定,一个国家开发利用资源的权利伴随合作保护和保存资源的义务。所有南海沿岸国家都签署了《联合国海洋法公约》,因此这些国家有法定义务寻求与其他成员国进行合作。

总而言之,在海洋领土划界问题上不管是取得进展还是未能达成协议,南海沿岸国家之间合作的功能性维度应该是通过睦邻友好体现或确定国家利益,这可以说是解决领土争端最实际的参考建议。这是在进行权利与授权的法理推定之前的常识性考量,换而言之,在思考各方可享有的涉海权益时,有必要将常识放在比法律条文论证更高的地位。为什么常识这么重要？因为过去数年我们在这个地区所见的,以地缘政治理论为基础的尝试并没有收获其倡导者所预期的积极收益和红利。虽然转向功能性合作未必一定能对解决南海划界争端产生直接影响,但是很难认为坚持现有的解决路径能有理想的出路。

三 多方"先易后难"开展合作的可能领域

正如前面所观察到的,功能性合作有其自身的复杂性。为了使专家的建议具有可行性,认同合作价值的人提出"先易后难"的运作建议。但是,对于一方来说的"易",对于另外一方就可能会很"难"。由此就体现出建立"亚洲和平与和解委员会"（Asia's Peace and Reconciliation Commission, APRC）这类机构和平台进行对话和商讨的必要性和价值。

我们在共同探索南海地区功能性合作的领域,以下是我根据个人的学术观察列出的值得注意的问题。南海海域和在海域上空活动的政府、公司和个人等所有有关各方,有责任致力于在海洋开发中促进海事安全和保护海洋资源,乃至于南海沿岸国家均须发挥功能性项目参与者和组织者的作用。

国际机构（尤其是联合国框架下的专门机构）一直在为推动功能性合作产生并成为主流做着力所能及的工作。① 应该邀请、鼓励这些国际组织参与功能性合作并长期发挥积极作用。在近年来地缘政治困扰加剧的背景下，特别是在受国内环境因素影响，功能性合作受到质疑的时候，专业的国际组织能够提供必要的政治掩护。

（一）渔业

在南海海域，与复杂的主权主张和其他形式的管辖权争端同时存在的是，过度捕捞，非法、未报告和不管制（Illegal, Unreported and Unregulated, IUU）捕捞，以及海洋生物栖息环境被破坏的问题。尤其是 IUU 捕捞还给从事渔业的群体带来非常严重的污名，造成南海沿岸渔业收益的净损失。②

同时，对于所有南海沿岸国来说，解决 IUU 捕捞问题的任务都很艰巨，在许多情况下，必须进行高层次承诺的国际合作。例如，现存的便利港口使得 IUU 捕捞变得更容易。对于渔业来说，"便利港口"是指只有很少甚至没有标准和程序来确保只有合法捕捞所得可以上岸或进行转运的港口。

国际社会频繁呼吁南海沿岸的国家一道解决共同的问题，但是领土争端和历史仇恨已经给政府间海事和渔业问题上的合作造成巨大障碍。

理想的方式是，渔业领域的功能性合作应该以发展协商一致的方法开始，来建立解决 IUU 捕捞问题的案例。需要制定联合行动方案来建立完整的操作链条证据，包括标识、人员招募、融资和终端销售，等等。各个国家的国内执法机构需要与外交官员和法律专家相互配合、联合行动。

其次，联合国粮食与农业组织（UN Food and Agriculture Organization, FAO）领导的《关于港口国预防、制止和消除 IUU 捕捞的措施的协定》（Agreement on Port State Measures to Prevent, Deter and Eliminate Illegal, Un-

---

① 这些组织包括但不限于国际民间航空组织、国际粮食和农业组织、国际海事组织、联合国环境规划署和联合国教科文组织。
② Margaret Young, "International Trade Law Compatibility of Market-related Measures to Combat Illegal, Unreported and Unregulated (IUU) Fishing", *Marine Policy*, Vol. 69, July 2016, pp. 209–219.

reported and Unregulated Fishing，PSM）于2016年6月开始生效。PSM协议是打击IUU捕捞的工具，在过去10年，使港口国家强化管制的重要作用不断凸显。日益依赖港口国来打击不可持续的捕捞行为，在很大程度上是由于船旗国未能有效地管理那些悬挂其国旗的渔船的捕捞作业。

PSM是由港口国制定的要求或采取的干预措施，外国渔船必须遵守，这是其使用港口国境内港口的一项条件。国家PSM通常包括入港事先通知、指定港口使用、入港和鱼品上岸/转运限制、补给和服务限制、文件要求和港口检查，以及诸如IUU渔船入黑名单、贸易相关措施和制裁措施等。许多此类措施近几年成为国际惯例。①

目前只有五个西太平洋国家加入了PSM，将PSM作为管理南海渔业的指导原则还有讨论空间，这只是学者建议采纳的政策工具，我们在亚洲不妨先看一看世界上其他地区是如何管理类似纠纷的。

为了保护人们的生计，尤其是沿海地区居民的生计，是时候开展基于传统捕鱼权（如《联合国海洋法公约》第51条所列）的合作。在这一方面，已有大量适当的双边合作机制，其中有的已经延续数十年。应该评估一下这些机制安排所取得的成就与教训，更确切地说，要评估这种双边合作的机制能否能够延伸到多边合作领域。

最后还有重要的一点，就是为了提升南海渔民运营的安全，政府应该与国际组织一道，合作提高捕捞作业的安全性。

（二）民用航空

2014年3月8日，发生了从吉隆坡飞往北京的马来西亚航空370客机（MH370）的悲剧性事件。应该将这次事件作为推进民用航空国际合作的警示，以提高民用航空的安全。

不论南海国家最终如何划定海洋边界线，民用航空安全是各方须遵守的国际法律义务，符合各方利益。航空业专家一致认为必须提高飞机跟踪系统的稳定性。正如MH370事故所体现出来的，一种名为"广播式自动

---

① Blaise Kuemlangan and Michael Press,"Preventing, Deterring and Eliminating IUU Fishing-Port State Measures", *Environmental Policy and Law*, Vol. 40, No. 3, November 2010, pp. 262 - 268.

独立监视 ADS-B"的飞机实时跟踪设备已存在多年,①但只有 60% 的商用飞机配置了这一设备。为什么?原因是财务已经不堪重负的航空行业难以承担额外的成本。无论如何,至关重要的是,航空公司要解决驾驶舱跟踪系统和黑匣子可以手动关闭这一技术问题。

这里的重点不在于 MH370 事件本身,而是需要鼓励整个南海地区的国家政府开展合作,共同制定统一的技术和操作要求,来实时跟踪所有商业航班,特别是那些穿越南海空域的航班。

事实上,南海地区已被证明是世界上商业航空发展最快的地区之一。行业报告显示,在未来 20 年内,东盟国家内部的空中旅行每年可能增长 6.5%,而全球的平均增速为 4.9%。

东盟单一航空市场政策(ASEAN Single Aviation Market Policy,ASEAN-SAM)通过在单一、统一的航空市场实现航空服务自由化,允许东盟国家航空公司在东盟地区自由飞行,来促进地区和国家互联互通,整合生产性网络以及提高地区贸易便利化水平。

随着更多的飞机在空中飞行,实时报告和处理数据与通信网络提供的关键飞行信息可以帮助减少拥堵,节约周转时间,并确保更可靠的飞行跟踪行动。到目前为止,商业服务可供航空公司订购,但出于众所周知的原因,这些服务仍不能提供充分的预警措施。

像中国的北斗卫星导航系统这样的卫星服务能够并且应该成为提高民用航空安全的工具。此外,中国与东盟国家应加强民用航空的技术和业务合作,乘客的安全才是真正重要的。

小　结

关于南海地区功能性合作的讨论是中国与东盟关系安全层面的一部分。重要的是要关注对该地区安全图景的不同评估,以及南海地区各方不安全感的来源。一个看似巧妙的假设认为,东盟国家可以通过与美国建立更紧密的军事安全关系,与中国建立经贸合作关系,来获取美国的军事保护和中国的经济福利,这是更为安全的选择。这种观点听起来蛮有吸引力

---

① Sarah Fox, "Flying Challenges for the Future: Aviation Preparedness in the Face of Cyber-terrorism", *Journal of Transportation Security*, Vol. 9, No. 3, December 2016, pp 191 – 218.

的，但它是一个虚假的论断。简单地说，包括南海问题在内，东盟地区没有能够促使中国和美国走向正面军事冲突的物质或者其他的诱惑。

因此，应该通过提高非军事用途的海上安全，继续加强海上空间的安全合作。这确实应该包括：在追踪海盗和袭击方面继续合作，在起诉破坏国际和国内法律的违规者方面合作。在打击海洋跨国犯罪的问题上，东亚国家可以利用其打击非法毒品贩运的先例，即一国在行使其司法权起诉任何国籍的毒品罪犯时不会受到另一国的干预。

东盟和中国从过去的功能合作得出的短期经验是：尽管彼此存在分歧，但双方仍然应该继续履行合作承诺。这种合作可能不会消除领土所有权主张方面的差异，但至少，它应该是寻求减少对抗的一种解决方案。

Functional Cooperation in the South China Sea Region: a Chinese Perspective

Zha Daojiong

Abstract　For the past five years or so, reference to the South China Sea (SCS) has been occupying a level of centrality in regional diplomacy that leaves many observers perplexed. The way of geopolitical rationales just does not yield positive as promised by their proponents, a turn to focus on functional cooperation may have a direct impact on dispute resolution over boundary delimitation. This article's assumption is that participants come with a higher level of confidence in giving weight to the value of cooperation ahead that of trust. Proposing parties in the South China Sea take fisheries and civil aviation as possible "Low Hanging Fruit" areas, which makes the search for a solution less antagonistic.

Key Words　South China Sea; Functional Cooperation; Fisheries; Civil Aviation

Author　Zha Daojiong, Professor, Doctoral Tutor, School of International Studies & Institute of Ocean Research, Peking University.

日澳防务合作发展及影响析评

程晓勇

【摘要】 近年来，日本与澳大利亚在军事领域的合作日益密切，两国防务交流频繁，除了早期的反恐合作外，双方在军事演习、军事技术交流、军备贸易等方面均有所突破。日澳提升防务合作的主要原因是两国在防务及相关问题上的共同利益在增多。日本意图借助与澳大利亚的防务合作向政治大国和军事大国发展，并防范和牵制中国，澳大利亚则有意通过发展防务合作来提升双边关系，获得政治与经济收益。除了日澳利益上的相互需要外，美国也是推动日澳防务合作的重要因素。尽管日澳防务合作发展迅速，但由于对外战略和具体目标的不同，双方的防务合作也存在差异和分歧。

【关键词】 日本 澳大利亚 防务合作

【基金项目】 中国—东盟区域发展协同创新中心科研专项和教育部长江学者和创新团队发展计划联合资助项目"中国—东盟安全领域的交流与合作研究"（CW201513）。

【作者简介】 程晓勇，暨南大学国际关系学院副教授，中国—东盟区域发展协同创新中心研究员。

2016年8月25日，日本防卫大臣稻田朋美与澳大利亚国防部长佩恩举行会谈，两国防长确认将强化防卫合作，并推进日美澳三国间的合作。此外，针对中国公务船进入钓鱼岛附近海域，日澳防长强调，反对"单方面改变现状、加剧紧张的行为"，并强烈谴责朝鲜核试验。9月19日，日本外相岸田文雄与澳大利亚外交部长毕晓普会谈，双方确认将加快磋商步伐，以缔结日本自卫队与澳大利亚军方开展联合训练的新协定，两国外长还对南海问题表示关切。2016 年的这两次防务与外交高官的会晤可谓近年来日澳防务合作发展及其特点的缩影。

新世纪以来，日本与澳大利亚两国的防务合作关系急剧升温。日本成为澳大利亚最主要的军事合作伙伴之一，澳大利亚则成为日本提升地区安全影响力的重要目标国。防务关系向来是国家间关系最敏感和高象征意义的部分，良好的防务关系标志着国家之间关系的密切程度，日澳防务合作的加强反映了日澳合作关系的深化。

一 日澳防务合作的内容与形式

日澳同为发达国家，两国关系是亚太地区重要的双边关系之一。二战时期，日本与澳大利亚是敌国关系，但战后两国关系发生了根本性变化，逐渐由敌对关系转向和平共处，由和平共处发展到友好合作，再由友好合作关系上升到建设性伙伴关系，[1]进而提升至全面的战略安全和经济伙伴关系。

二战后到冷战结束前，日澳两国的合作主要在经济层面，其次是在西方阵营内的政治合作，军事层面的接触很少。1990 年 3 月，澳大利亚国防部副部长保罗·迪布访日，就推进防卫对话等问题与日方进行协商，[2]这是冷战后日澳两国首次就安全问题交换意见。同年 5 月，日本防卫厅长官石川要三对澳大利亚进行回访，标志两国正式在安全领域开展合作。1996 年 2 月，日澳举行了首次政治与军事对话会议，推动了双边安全关系向机制化方向迈进。进入 21 世纪以来，日澳关系进一步发展，政治关系，尤其是防务合作逐渐超越经济关系成为新时期两国关系最突出的特征，日澳防务合作不仅领域不断扩大，而且合作的深度也在加强。

第一，防务合作机制化。2007 年 3 月，日本首相安倍晋三与访问日本的澳大利亚总理霍华德签署了《日澳安全保障联合宣言》，以加强两国在军事领域的合作，日澳防务合作开始机制化。《日澳安全保障联合宣言》确立了日澳防务与安全合作的指导原则和基本框架，主要内容有：加强两

---

[1] 汪舒明：《澳日关系：由"建设性伙伴关系"到"准同盟"》，《现代国际关系》2007 年第 8 期，第 27 页。

[2] Alan R, *The Australia-Japan Political Alignment: 1952 to the Present*, London: Routledge, 1999, p. 1691.

国的安全与防务对话；开展军事演习和军事训练方面的合作；开展情报交流；反恐；联合打击毒品走私等跨国犯罪；共同保护海、空航线的安全；突发性事件后的人道主义援助以及灾害救助方面开展合作等。[1]这既是日本首次与美国以外的国家签署安保协议，也是澳大利亚首次与东亚国家签署的双边安保协议，体现出日澳相互重视，视对方为在亚太地区开展防务合作的"重要伙伴"和"天然伙伴"[2]。2007年9月，日澳领导人批准了《日澳安全保障联合宣言行动计划》，该行动计划规定了一系列旨在深化日澳防务伙伴关系的具体行动，使日澳两国防务合作进一步细化。2009年，日澳签署了《安全合作联合宣言实施行动计划更新》，对日澳防务合作的具体内容进行补充。2010年5月，澳大利亚和日本签署《关于澳军和日本自卫队间相互提供补给与服务的协定》，该协议旨在使两国军队相互提供后勤保障。2012年5月，日澳签署《日澳信息共享协议》和《国防相互支援协定》，前一协议为双方交换军事装备的设计及规格参数，共享包括朝鲜半岛等敏感地区的卫星图像和情报信息铺平了道路，涉及的内容比日本与美国签订的同类协议还要广泛，为双方构建了一条至关重要的安全合作纽带；后一个协议则赋予两国有为对方维护或重新配给船舰及其他军事装备的责任。在一系列的双边防务协议下，日本与澳大利亚基本建构了机制化的防务合作体系。

第二，高层防务交流频繁。在《日澳安全保障联合宣言》签署当年，日澳就在东京举行了第一次由两国的外交与国防部长参与的"2+2"安全保障磋商，此后，第2轮至第6轮日澳"2+2"安全保障磋商在2007年（东京）、2008年（东京）、2010年（东京）、2012年（悉尼）、2014年（东京）、2015年（悉尼）举行。内容分别涉及情报交流、人员培训、联合军事演习、非传统安全合作、防扩散、防务装备与技术合作、地区安全问题的政策协调等方面。除了在"2+2"机制下日本防卫大臣和澳大利亚国防部长的8年6次互访外，双方防务高层还保持着频繁的接触。2013年7月和2014年6月，时任澳大利亚国防部长斯蒂芬·史密斯和戴维·约翰斯顿分别访问日本，会见日本防卫大臣小野寺五典；日本防卫大臣小野寺

---

[1] Rory Medcalf, "The changing Asia-Pacific Security Web", *The Age*, 2007.
[2] 2004年12月，日本内阁通过的防卫白皮书指出澳大利亚是日本在亚太地区的"重要伙伴"。2014年6月12日，澳大利亚国防部长在东京发表讲演称日本是澳大利亚安全合作的"天然伙伴"。

五典在2014年4月访问澳大利亚与澳国防部长戴维·约翰斯顿举行会谈。尤其值得一提的是仅在2014年前十个月，双方防务高层已经连续举行了3次会面，这种高频度的防长互访在日、澳与其他盟国之间并不多见，防务长官的频繁会面充分体现出日澳双方加强防务合作的热情。除了两国防务高层的专门会面外，日澳两国防务高层还借助各种国际场合举行双边或是多边会谈。①此外，在日澳防务部长级会晤外，日澳在军种和联合参谋部层次的交流活动也几乎每年都开展。另外，日澳最高领导人还经常以高层会面的形式直接推动两国的军事安全合作，例如，1995年，澳大利亚总理基廷访日，与日本首相村山富市共同签署日澳伙伴关系联合声明，联合声明提出要加强在防止大规模杀伤性武器扩散、联合国改革、国际维和等政治安全领域的合作。2003年7月，日本前首相小泉纯一郎与澳大利亚前总理霍华德共同发表了反对国际恐怖主义《联合声明》，将反恐纳入两国的防务合作范畴；② 2007年3月，日本首相安倍晋三与澳大利亚前总理霍华德在东京签署《日澳安全保障联合宣言》，正式确立两国防务合作的合法化和机制化；2014年4月7日，澳大利亚总理阿博特成为首个受邀参加日本国家安全会议的外国政府首脑，彰显了日澳两国在安全领域的亲密关系。2014年9月24日，日本首相安倍晋三与澳大利亚总理阿博特举行会谈，双方一致同意加快缔结日澳军方合作新协定，新协定旨在强化灾害救援、安保等领域合作，并确保在两国分别举行的共同训练和共同作战顺利进行。正是在最高领导人的直接推动下，日澳两国防务合作快速发展。2014年的这两次日澳高层次防务合作磋商将日澳防务合作提升到了前所未有的高度，两国的防务合作从防务对话、情报交流、反恐扩展到联合军演、先进军事技术转让、合作开发军事装备、军售等多个方面。

第三，联合军事行动不断丰富。在《日澳安全保障联合宣言》签署前，日澳两国军事人员曾在监督柬埔寨停火、东帝汶国际维和、印尼海啸救援等事件中一起开展过行动。在日本向伊拉克派遣自卫队期间，澳大利

---

① 例如，日本防务大臣森本敏与澳大利亚国防部长斯蒂芬·史密斯在2011年和2012年香格里拉对话会期间举行日澳双边会谈或美日澳多边会谈。2010年10月，日本防卫大臣北泽俊美在东盟防长扩大会议期间与澳大利亚国防部长斯蒂芬·史密斯会晤。
② "Australia-Japan Joint Statement on Cooperation to Combat International Terrorism", Ministry of Foreign Affairs of Japan, 17 July, 2003, http://www.mofa.go.jp/region/asia-paci/australia/pmv0307/terrorism.html，登录时间：2017年3月1日。

亚军队为驻伊日本自卫队提供过安全保护。《日澳安全保障联合宣言》签署后，两国的军事合作更加丰富，层次也不断提高。由于日澳都是海洋国家，海上联合军事行动成为重点。

2012年6月，澳大利亚海军"巴拉瑞特"号护卫舰与日本海上自卫队军舰在九州东南水域举行了代号为"Nichi Gou Trident"的联合演习，演习科目是反潜和海上拦截，这成为日澳首次双边联合军事演习。此前，日本和澳大利亚频频在多边军演中合作，如2003年9月，日澳美法四国在澳大利亚东北部的珊瑚海进行了代号为"太平洋保护者"的海上拦截军事演习。2004年10月，上述四国在东京湾附近举行旨在打击大规模杀伤性武器扩散的海军联合军演、年度"环太平洋"（Rim-Pac）演习、"卡卡杜"（Kakadu）演习（由澳大利亚主办的两年一度的海上演习）和澳大利亚主办的"漆黑"多国空战演习。澳大利亚还分别于2012年和2013年派出F/A-18A"大黄蜂"战斗机参加日美举行的"对抗北关岛"（Cope North Guam）演习。日本也在2009年（两次）、2010年（两次）、2011年（一次）参与由澳大利亚主办的"TAMEX"反潜海上监视演习。2012年6月，美日澳三个国家还在中国东海举行了代号为"太平洋契约"（Pacific Bond）的三边海上演习，演练反潜、海上拦截和海上补给等科目。2014年8月25日至9月12日，澳大利亚海军主办"卡卡杜-14"多边海上演习，旨在加强与澳有防务合作关系的各海军部队之间的互操作性，提升防空战、反水面战和反潜战的协同作战能力。日本海上自卫队的旗风号护卫舰参加了此次演习，并在一些演习科目中作为指挥带队。2014年11月，日澳在日本北部地区举行名"Minchinoku-Alert"的应对灾害的联合军事演习，这是日澳两国首次在日本领土共同举行军事演习。2015年7月5日，日本首次派出自卫队参加澳大利亚和美国的"护身军刀"大型军演，显示日本越来越深地参与澳大利亚的对外军事合作项目中。2016年4月，日本更是派出最先进的"苍龙"级攻击潜艇参加日澳联合军事演习。在以上军演中，无论是日澳双边演习还是共同参与有其他国家参加的多边演习，两国都通过海上联合军事演习加强了协作，为日澳未来共同应对安保宣言所规定的反恐、裁军和防止大规模杀伤性武器及其运载工具的扩散、保证能源和海上运输安全以及航空安全等奠定基础。

第四，军事技术交流与军售升级。军事技术交流与军售是防务合作的重要内容，日本和澳大利亚近些年加强了这方面的合作，双方互派军事人员到对方接受训练。此外，日本与澳大利亚都配置了美国的武器装备，由于美国高端军事设备的保养和维护复杂，价格昂贵，日澳均有意与其他防务伙伴共享零部件、保养经验和维护技术，或者共同在其他防务伙伴中寻求物美价廉的军事装备。日本在复合材料、雷达、声呐、导引头、通信器材、光电元件等军工技术方面具有世界先进水平。在整体军事装备上，日本的常规潜艇技术处于世界领先水平。澳政府一向重点发展海军力量，计划未来几年为澳海军替换升级潜艇编队，澳大利亚海军对日本的"苍龙"级潜艇的不依赖空气推进技术很感兴趣，在2014年6月举行的第5轮日澳"2+2"安全保障磋商会上，两国重点讨论了增强防务装备与技术合作。2014年10月，澳大利亚国防部长戴维·约翰斯顿再次访日，与日本防卫大臣江渡聪德就扩大防务装备与技术合作进一步磋商，双方曾经就日本向澳大利亚转移潜艇技术甚至是直接出售整装潜艇达成初步协议，还就采购美国F-35战斗机，推动日本防务技术研究本部和澳大利亚国防科学技术组织之间的技术交流合作等事宜达成共识。尽管澳大利亚在2016年4月选择法国作为合作方为其建造12艘潜艇，使日本武器出口遭到重大挫折，阻止了日澳军事装备合作的快速上升势头，但日澳两国均表态不会中断在军事技术方面的合作。

二 日澳强化防务合作的动力

日本与澳大利亚之所以在冷战后不断加强防务合作，根本原因在于冷战后亚太地区战略格局发生变化的背景下，日澳两国在政治与防务问题上存在着较大的利益契合，双方均有意愿加强双边战略合作，提升各自在亚太地区的战略地位。日本走向政治大国目标和军事扩张需要澳方的支持，加强防务合作是深化双方战略合作的"捷径"。对澳大利亚来说，将两国关系由原来以经济性质为主逐步向政治和安全合作方面发展，可以换取日本对其参与亚洲事务的支持和更多的经济利益，同时提升澳大利亚的国防实力。

具体来说，在日本方面，冷战后，日本加快向政治大国和军事大国发展，加强了军备建设以及与盟国的军事关系。1998年，日美达成新的"防卫合作指针"，将日美同盟的地缘"责任"范围从"保卫日本、维护远东的和平与安全"扩大到了维持"亚太地区的和平与稳定"，加强了自卫队的职责和功能。2014年日美启动了新的合作指针修订，并计划在年底前完成修订日美防卫合作指针的最终报告。据称，新的防务合作指针中，将用自卫队"全球范围支援美军"来代替现行版本中限定支援美军"周边事态"的提法。美日同盟的强化，为日本使用军事力量干预国际和地区事务提供了依据。尽管通过强化美日同盟，日本为其实现政治大国的目标创造了条件，但美日同盟关系也有对日本"不利"的一面。在美日同盟中，日本始终处于"从属"地位，如果日本只与美国建立防务关系，则将被完全束缚在美国全球军事战略的框架中，缩小了日本在外交上的独立性和回旋余地，这将不利于日本实现政治大国的目标。因此，日本亟须美国以外的其他政治盟友与防务伙伴，通过与更多国家的政治与防务合作，换取它们在地区政治、安全问题上对日本的战略支持，推动日本在地区问题上担负起更大的责任。

对日本而言，这样的政治与防务伙伴最好满足三个条件。其一，在政治与防务关系中与日本地位平等。其二，具备与日本开展有效防务合作的能力。其三，由于日本的安全利益集中在亚太地区，新的防务伙伴是亚太国家。在亚太地区，无论是东北亚还是东南亚，多数国家对日本成为"正常"国家，在地区政治与安全事务上发挥作用持谨慎态度。与亚太其他国家相比，澳大利亚是经济发达的西方国家，具有一定规模和相对先进的军事实力；同时澳大利亚作为"中等强国"，战略地位重要；最后澳大利亚与日本同为美国盟国，与日本保持着密切的经济与政治关系。这些因素使得澳大利亚成为对日本最具吸引力的伙伴选择。另外，日本在对地区安全形势上的看法与澳大利亚较为一致，这也促成了日本选择澳大利亚进行防务合作。21世纪以来，日本认为亚太地区的政治与安全形势发生了不利于自身的转变。朝鲜核问题延绵二十多年，成为影响地区安全与稳定的重大隐患，日本认为朝鲜的核扩散行为和导弹技术的进步构成对日本的安全威胁。[1]此外，随着中国的快速崛起，中日两国在亚太地区形成政治竞争态势，虽然最初日本在口头上依然承认中国并不对日本构成安全威胁，[2]但随着近几年钓鱼岛主权归属与海洋权益的争端加剧，日本越来越视中国为对

---

[1] 吴心伯：《日本与东北亚战区导弹防御》，《国际问题研究》2003年第5期，第44—48页。

[2] 《小泉首相否定中国威胁论》，[日]《每日新闻》2004年12月11日；《政府认为不是"中国威胁论"》，[日]《日本经济新闻》2004年12月11日。

手，积极在亚太地区寻找牵制中国的伙伴。澳大利亚由于与日本同属西方国家和美国的盟国，很自然地成为日本积极争取的安全伙伴。正是由于这些考虑，日本政府将澳大利亚视为除美国之外，在亚太地区最重要的军事合作伙伴。

在澳大利亚方面，冷战后，澳大利亚认为全球化时代使得亚太地区除了传统意义上的军事政治安全外，还出现了诸如大规模杀伤性武器扩散、分离主义、恐怖主义活动、海洋资源纠纷、环境污染、非法移民、海盗等潜在安全隐患。①这些多样化的威胁情况复杂，涉及面广，单靠一个国家很难应对，因此澳大利亚需要在亚太地区寻找共同应对以上威胁的合作伙伴。在地区安全形势变化问题的看法上，澳大利亚发现日本与其有较多的契合。冷战后，随着苏联威胁的消失，日本对其防务政策做出调整，2004年12月，日本公布新的《防卫计划大纲》，该文件阐述了新时期日本国防基本方针、对安全威胁的认识、安全保障的目标及实现手段等方面的重大变化。根据新防卫大纲，日本安全保障的重点从传统意义上的国防转向应对恐怖活动、导弹威胁、大规模杀伤性武器扩散等新型威胁以及维护与自己利益相关的地区稳定。②日本《防卫计划大纲》与澳大利亚21世纪以来发布的防务白皮书中对威胁的判断有诸多共同点，以建立相互信赖的伙伴关系等多种手段来共同保证本国的和平与稳定就是必然的了。2005年4月，霍华德总理访问日本，就反恐、伊拉克局势以及美日澳安全对话与日本首相小泉纯一郎交换意见。2006年3月，澳大利亚作为东道主在悉尼举行了澳美日三边战略对话，三国就地区及全球安全议题展开广泛讨论，决定加强在安全问题上的情报交流，补充并强化反恐伙伴关系网络。借三边对话之机，澳大利亚与日本签署了《建立全面战略关系的联合声明》，强调两国共同为区域及国际安全做出重大贡献，两国将加强战略对话，确立新的安全合作领域，以共同推进双边全面战略关系。③

另外，澳大利亚与日本开展防务合作也有防范中国的考虑。21世纪以

---

① 李旭东：《冷战后的日澳政治安全关系》，《日本学论坛》2007年第3期，第67页。
② 胡继平：《从新防卫大纲看日本安全战略的调整方向》，《现代国际关系》2005年第1期，第48页。
③ "Joint Statement Building a Comprehensive Strategic Relationship", Ministry of Foreign Affairs of Japan, http://www.mofa.go.jp/region/asia-paci/australia/joint0603.html，登陆时间：2017年3月15日。

来，中国积极开展全方位外交，中国—东盟自贸区的建设标志着中国与东南亚国家的政治与经济关系达到了新的高度，中国与南太平洋国家的关系也不断深入发展。面对中国在亚太地区影响力的扩大，澳大利亚无论是政界精英还是普通公众心情都极为复杂。尽管中国与澳大利亚经贸关系密切，是澳大利亚最重要的经济伙伴，但澳中之间仍然缺乏战略互信。由于在意识形态、价值观，甚至是文化上的差异与分歧，澳大利亚对中国的崛起及未来走向产生了严重的忧虑。在澳大利亚看来，中国的崛起特别是军事力量的增长必然打破地区的力量平衡，进而产生外溢效应，对澳大利亚形成压力。特别是中国与东盟、南太平岛国关系的快速发展，引起自视为南太平洋地区"天然大国"的澳大利亚的顾虑，担心中国会侵犯其势力范围，这种顾虑使得"中国威胁论"在澳大利亚有一定的市场。澳大利亚政府在2009年版国防白皮书中专门提及中国在地区的发展定位，对中国军事力量的发展感到"担忧"，并将此作为澳大利亚军事现代化建设的潜在原因之一。正是在这种战略判断下，澳大利亚有意向与日本一道加强安全合作以牵制中国。2014年6月，第5轮日澳外长与防长"2+2"安全保障磋商会在东京举行，议题为合作开发军事装备和扩大联合演习规模，会后发表的共同文件有两国"强烈反对"凭借实力单方面改变东海和南海现状的表述，意在对中国进行制约，表明日澳防务合作上升到新的高度，且具有指向性。

最后，日澳两国加强防务合作的背后也有美国的身影。冷战时期，美国凭借强大的经济、军事能力，根据战略需求在全球建立了以其为中心的庞大同盟体系，这一体系由遍及五大洲的双边与多边同盟关系组成，成为支撑美国全球霸权的重要依托。在这个同盟体系下，无论是双边还是多边同盟，美国都处于绝对中心的地位，不需要盟国之间有太多的直接安全联系，尽管美国不反对盟国之间的双边军事合作。在西太平洋地区，由于各国在政治、经济、文化方面的差异很大，美国建立多边同盟的难度很大，因此，美国的西太平洋地区同盟体系以其与他国的双边同盟为主，这一体系的北南"支点"分别是日本和澳大利亚。冷战后，随着两极格局的终结，美国对其全球战略做出了重大调整，美国的同盟体系随之发生了一些变化。在东北亚地区，由于韩国加强了与中国的关系，并且对朝鲜奉行"阳光政策"，缓和了韩朝关系，韩国国内出现了与美国关系降温的声音，因此，美国更加强调与日本的安保关系。在东南亚地区，冷战结束后，美

政治政策

国一度延续了越战后从这一地区收缩力量的做法，与东南亚国家的同盟关系有所弱化（随着近几年美国对该地区的"再平衡"，美国与东南亚国家的安全关系有所加强，但没有实质性地改变这一趋势）。因此在南太平洋与东南亚方向，美国更加重视澳大利亚的作用。除了加强与日澳的安全关系外，美国还有意让日澳做出更多的"贡献"以分担美国的"安全责任"。在美国看来，日澳这两个"小伙伴"加强防务合作，一方面可以更好地支援美军在该地区的军事行动，另一方面可以制衡本地区的其他政治力量。出于此种考虑，美国鼓励日澳加强双边安全合作，有意识地搭建了美日澳三边安全对话，为日澳加强防务合作建立渠道。

三 防务合作对日澳及中国的影响

通过安全合作，日澳推动了两国在政治与经济上合作的力度。1992年9月澳大利亚总理基廷访日期间表示支持日本关于删除联合国宪章中"旧敌国条款"的要求，并支持日本成为联合国安理会常任理事国。2006年3月，澳大利亚外长唐纳表示要与日本加强在亚太经合组织和东盟地区论坛的合作，共同支持联合国改革，支持日本入常。在2007年签署的《日澳安全保障联合宣言》中，澳大利亚承诺支持日本对朝鲜的外交政策，支持日本成为联合国安理会常任理事国。对澳大利亚而言，与日本发展防务合作可以提升两国的政治和经济关系，为澳大利亚带来经济与政治收益。例如，2007年3月，《澳日防务与安全声明》正式签署，成为两国关系又一战略性指导文件。在这种良好的氛围下，同年4月，澳日启动了自由贸易协定谈判，经过多年的谈判，2014年7月，两国就自由贸易协定达成一致，澳大利亚成为首个与日本达成自由贸易协定的主要农产品出口国，鉴于日本一贯强硬保护本国农产品市场，这一协定可谓澳大利亚在经济上的一大胜利。此外，澳大利亚一直有超越南太平洋地区，在更大范围内发挥政治影响力的抱负，日本的支持能够使它在地区性事务中发展建设性作用。正是在澳日政治经济军事全面合作的背景下，日本积极推动了澳大利亚参与亚洲事务，参加亚欧会议等。[1]

---

[1] Neville Meaney, *Towards a New Vision-Australia and Japan Through 100 Years*, Kangaroo Press, 1999, p. 139.

由于日澳均有防范和制约中国的意图，两国加强防务合作给中国带来不利影响，特别是在东海和南海的海洋权益争端上，日澳两国相互支持，向中国施加压力。2013年11月，澳大利亚外长毕晓普批评中国设立东海防空识别区"破坏"区域稳定，在中日东海问题争端中公然袒护日本，引发中澳外交风波。2016年8月，日澳两国防长在会谈时指责中国公务船在钓鱼岛海域执行公务是"单方面改变现状、加剧紧张的行为"。2016年9月，在中国和菲律宾新政府改善关系的背景下，日本外相岸田文雄与澳大利亚外交部长毕晓普在会谈中对南海问题表示关切，意图影响南海仲裁案后中国与相关国家关系的走势。

尽管如此，由于对外战略和具体目标的不同，日澳在防务合作中也存在差异。首先，对于和日本发展防务合作，澳大利亚国内有很多不同的声音。二战时日本是澳大利亚的敌国，在与日本的作战中，有3.7万澳大利亚士兵战死，2.2万人被俘，其中很多被折磨死亡。这段历史给澳大利亚人留下了永久的伤痛，澳大利亚对日本军国主义复活保持着一定的警惕性，这使得澳大利亚不能"无所顾忌"地发展与日本的防务关系，在一定程度上限制了澳大利亚与日本发展防务合作的深度。其次，与日本专注于发展同美国和澳大利亚的防务合作不同，澳大利亚更注重防务合作对象的多元化和防务关系之间的"平衡性"。例如，除了美国和日本外，澳大利亚还与英国、法国等北约国家保持着较高水平的防务合作，2016年4月，澳大利亚放弃了此前呼声颇高、已有合作意向的日本而选择法国为其建造12艘潜艇，显示出澳大利亚在重大防务装备采购方面更倾向于传统的西方盟友。

此外，澳大利亚也与中国开展着防务接触，目前中澳之间保持着机制化的防务战略磋商，2014年12月，中澳举行了第17次防务战略磋商。近几年，中澳之间包括军队互访与联合军演的防务交流也趋于活跃。①澳大利亚政府首脑也多次表示要深化与中国的战略关系，特别是加强与中国的军

---

① 例如，2012年5月，澳大利亚海军"巴拉瑞特"号护卫舰出访上海，并与中国海军安庆号护卫舰在长江口附近海域举行海上联合演练；10月，澳大利亚、新西兰和中国三国海军在澳昆士兰州进行了主题为"2012合作精神"的人道主义援救和救灾联合桌面推演；12月，一支中国解放军海军编队访问澳大利亚。

事合作。①澳大利亚一方面指责中国在在东海设立防空识别区,另一方面要求日本解释修改和平宪法的决定,向包括中国在内的其他国家做出详细的解释,显示出澳大利亚在强化与日本防务关系的同时对其负面影响的对冲。

结　语

总体上看,日澳防务合作依托于两国的政经关系,是日澳长期以来经济与政治关系发展的延伸,尽管如此,近年来日澳防务合作发展如此之迅猛还是颇为引人注目。日澳防务合作既建立在两国对亚太地区安全形势判断上的一致以及两国在地区安全战略上的契合,也离不开第三方的鼓励与支持。通过防务合作,日澳进一步推动了两国关系的发展,双方都从防务合作中取得了自己想要的政治与安全收益。对日本而言,澳大利亚的支持使日本在地区政治、安全问题上获得重要的海外支持、积累了其成为正常国家的政治资本。对澳大利亚而言,日本是其介入东亚事务的重要伙伴渠道。

A Review and Analysis on Japanese and Australian Defense Cooperation Development

Cheng Xiaoyong

Abstract　In recent years, the military cooperation of Japan and Australia is becoming increasingly close, and the defense exchanges between the two countries are frequent. In addition to early cooperation against terrorism, there have been breakthroughs in military manoeuvres, military technology exchange and arms trade. The main reason for the situation is their common interests on defense and related issues are increasing. Through the defense cooperation with Australia, Japan intends to develop into a political and military power and to defense against

---

① 例如 2013 年 1 月 23 日澳大利亚总理吉拉德在公布澳大利亚首个国家安全战略时提到要深化与中国的战略关系并增加中澳军事演习数量。

and contain China, and Australia intends to promote bilateral relations with Japan for political and economic benefits. Besides, the United States also plays an important role in promoting Japan-Australia defense cooperation. Although Japan-Australian defense cooperation has developed rapidly, due to the differences in foreign strategies and specific objectives, there are differences and disagreement in their defense cooperation.

Key Words　Japan; Australia; Defense Cooperation

Author　Cheng Xiaoyong, Associate Professor, School of International Studies, Jinan University; Research Fellow, China-ASEAN Collaborative Innovation Center for Regional Development.

人文交流

People and Culture

苏西洛时期印度尼西亚与中国人文合作交流评述

王小明（*Novi Basuki*）

【摘要】尽管苏西洛两届总统任期的十年里印度尼西亚与中国在教育、媒体、旅游、宗教等人文合作交流方面已基本落实了两国政府所签署的相关文件，但是，原本为增信释疑以"确保印度尼西亚——中国友谊世代相传"的努力，其效果反而彰显"近而不亲"的迹象。故而，未来双方在人文合作交流领域需要在现有的基础上，并在 2015 年 5 月 27 日两国启动的副总理级人文交流机制的引领下，不断开拓和深化，尤其要面向基层、面向民众，以推动两国人民相互走近、相知相亲，使两国在各方面的合作拥有更加坚固的民众支持。

【关键词】 苏西洛 印尼——中国关系 人文合作交流

【基金项目】 教育部重大课题攻关项目"推进 21 世纪海上丝绸之路建设研究"（15JZD038）。

【作者简介】 王小明（*Novi Basuki*），印度尼西亚中国研究中心研究员。

2005 年，印度尼西亚总统苏西洛（Susilo Bambang Yudhoyono）与中国国家主席胡锦涛确立了印尼与中国的战略伙伴关系，双方在联合宣言中指出，除了"应以加强政治与安全合作、深化经济与发展合作"外，还应以"促进社会文化合作、扩大民间交往"为其"主要内涵"。为此，两国元首一致认为有必要"加强教育合作，积极开展培训交流，鼓励相互教授双方语言"，"开展双方旅游、新闻、民间组织的合作"，来"确保印尼——中国友

人文交流

谊世代相传"。① 苏西洛与中国国家主席习近平于 2013 年签署的《印度尼西亚共和国与中华人民共和国全面战略伙伴关系的未来规划》进一步阐明了"人文交流对加强和扩展双边关系至关重要"的理念。② 本文拟对 2004 年至 2014 年苏西洛两届政府执政时期印尼与中国在教育、媒体、旅游和宗教四个领域的人文合作交流进行梳理,并试图就如何进一步加强两国在这些方面的合作提出浅见。

一 深化扩展的教育合作

美国乔治·华盛顿大学政治学和国际关系学教授沈大伟(David Shambaugh)认为,通过教育能够提高中国在周边国家的软实力并传递印尼与中国之间的友谊。③ 但是就目前形势来看,中国与印尼之间的教育交流还处于发展阶段。

首先,中国与印尼到对方国家的留学生人数相对较少。中国方面,中国赴印尼留学人数很少。据英国广播公司(BBC)报道,2010 年中国海外留学人数达到 28.4 万。④ 据中国教育部的公开数据,2013 年出国留学的中国人突破 41.39 万。⑤ 中国出国留学人数的骤增,给海外各国的院校带来巨大的机遇。然而,中国学生尚未将印尼作为海外留学的主要目的地。印尼驻中国大使馆的资料显示,截至 2013 年 7 月,在印尼留学的中国学生仅有 327 人。在东盟国家中,印尼吸收的中国留学生人数排在新加坡(88457 人)、泰国(12712 人)、马来西亚(8965 人)、越南(1079 人)和菲律宾(452 人)之后的第六位。⑥

---

① 详见《中华人民共和国与印度尼西亚共和国关于建立战略伙伴关系的联合宣言》,《中华人民共和国国务院公报》2005 年第 18 期,第 20—21 页。
② 详见《中印尼全面战略伙伴关系未来规划》,《人民日报》2013 年 10 月 4 日,第 3 版。
③ David Shambaugh, "Return to the Middle Kingdom? China and Asia in the Early Twenty-First Century", *Power Shift*: *China and Asia's New Dynamics*, California: University of California Press, 2005, p. 25.
④ Shirong Chen, "Chinese Overseas Students 'Hit Record High'", BBC News, April 18, 2011, http://www.bbc.com/news/world-asia-pacific-13114577, 登录时间:2017 年 2 月 2 日。
⑤ 《2013 年中国出国留学人数首次突破 40 万人大关》,网易,2014 年 3 月 13 日,http://edu.163.com/14/0313/14/9N7MUAPM00294MA8.html, 登录时间:2017 年 2 月 2 日。
⑥ Indonesia Belum Jadi Incaran Mahasiswa China, Sinar Harapan, http://ipk.sinarharapan.co/index.php/ipk/read/1712/indonesia-belum-jadi-incaran-mahasiswa-china, 登录时间:2017 年 2 月 2 日。

印尼方面，中国并不是印尼学子海外留学的热门国家，① 但是近年来印尼人赴华留学人数有所增加。据国际教育学院（Institute of International Education）的数据，2013年在华留学的印尼学生已经达到1.3万人以上。② 印尼成为继韩国、美国、泰国、俄罗斯、日本之后的第六大赴华留学生来源国。③ 值得一提的是，2004年可以说是印尼学生赴华留学的转折点，当年申请赴华留学签证的人数比申请赴美国留学的人数多两倍。④

为了扩大双方留学生数量，由印度尼西亚教育部和外交部联合设立了"印尼政府奖学金"和"发展中国家伙伴奖学金"（Beasiswa Kemitraan Negara Berkembang）。⑤ 自2003年，中国留学服务中心（CSCSE）每年都会在雅加达、万隆及泗水举办中国教育展。⑥ 此外，2013年中国国家主席习近平在访问印尼期间，宣布向印尼人民提供1000个奖学金名额。⑦ 但是，印尼驻华大使馆前教育与文化参赞 Chaerun Anwar 认为："印尼学生对申请奖学金不太积极。每年有500多名泰国和越南学生享受中国政府颁发的奖学金，而我们印尼只有100人。"⑧

其次，语言人才培养合作日益扩展和深化。印尼语教育在中国不断得到普及。从地域上看，截至2014年，已有北京、天津、广东、上海、河南、广西、西安、云南等地的13所院校开设印尼语专业。北京大学是最早开设该专业的中国高等学府，但学习印尼语的人数在云南最多，有上百名

---

① Said Irandoust, "High Time for Internationalization of Indonesian Higher Learning", *The Jakarta Post*, January 17, 2014.

② International Students in China, Institute of International Education, http://www.iie.org/Services/Project-Atlas/China/International-Students-In-China, 登录时间：2017年2月2日.

③ 《印尼留学中国热不断升温》,《人民日报》2013年8月30日, 第22版.

④ Joshua Kurlantzick, "China's Charm: Implications of Chinese Soft Power", *Policy Brief Carnegie Endowment for International Peace*, Vol. 47, June 2006.

⑤ 《"一带一路"沿线国印尼：欢迎更多中国学生来留学》,环球网, 2015年04月29日, http://lx.huanqiu.com/2015/lxnews_0429/44933.html, 登录时间：2016年11月14日.

⑥ 《留学中国教育展暨汉语教学资源展雅加达詹德拉卡蒂卡酒店隆重举办》,《印尼商报》2010年6月7日.

⑦ 《习近平：中国将向印尼提供1000个奖学金名额》,中国新闻网, 2013年10月3日, http://www.chinanews.com/gn/2013/10-03/5344120.shtml, 登录时间：2016年11月14日.

⑧ Chaerun Anwar, "Berburu Beasiswa ke China", *Cabe Rawit*, January 21, 2013.

学生。有的学校甚至从印尼请来印尼语教师。[1] 从形式上看，除了高等教育层面，各式各样的印尼语培训班也相继在中国出现。[2] 尤其是2012年4月14日成立的由华侨大学和福建泛华矿业有限公司（董事长为印尼华人企业家林昌华）合作建设的泛华学院，开启了印尼语培训新模式。其主要任务是培养泛华企业和在印尼的中资、侨资企业所需的印尼语专门人才。[3]

为了增进中国人民了解印尼文化教育并促进印尼与中国师生之间的多方面交流，2012年3月23日，印尼在中国成立了由印尼驻中国大使馆和北京外国语大学合作的第一所"印尼研究中心"（Pusat Studi Indonesia），陪同印尼总统苏西洛来华进行国事访问的印尼教育部部长Mohammad Nuh为该中心揭牌。[4] 随后两国在广东外语外贸大学合作建立了第二所"印尼研究中心"。[5] 2012年11月27日在河北师范大学建成的"印尼研究中心"则是第三所。[6]

同时中国通过中国国家对外汉语教学领导小组办公室（以下简称汉办）设立的孔子学院，在印尼推动汉语的教学与服务。印尼第一所孔子学院成立于2007年，其名称的印尼文为Lembaga Pendidikan Mandarin Kongzi Institute Jakarta（雅加达汉语教学机构孔子学院），该机构的合作方是当地民办汉语补习学校Bina Terampil Insan Persada。[7] 但是，由于没有得到印尼教育部的认可，该机构于2011年停止了运作。[8] 到2014年底，共有6所孔

---

[1] Aditya Panji, "13 Kampus Tiongkok Buka Jurusan Bahasa Indonesia", *CNN Indonesia*, 21 December, 2014, http://www.cnnindonesia.com/internasional/20141221135934 - 113 - 19588/13-kampus-tiongkok-buka-jurusan-bahasa-indonesia/，登录时间：2016年11月14日。

[2] 梁敏和：《中国—印度尼西亚人文关系与交流65年》，《广州暨南大学"中国与印尼全面战略伙伴关系：机遇与挑战"国际学术研讨会论文集》，2015年11月，第115页。

[3] 详见泛华学院简介，www.fhxy.hqu.edu.cn，登录时间：2017年1月4日。

[4] 《北外成立印尼中心》，《京华时报》2012年3月27日，第C08版。

[5] Soegeng Rahardjo, "Mempererat Hubungan Indonesia-Tiongkok: Dimensi Antar-Masyarakat. Pidato Oleh Y. M Soegeng Rahardjo, Duta Besar Republik Rakyat Indonesia Untuk Republik Rakyat Tiongkok. Guangdong University of Foreign Studies, Guangzhou, April 2014", http://kemlu.go.id/guangzhou/Pages/Speech.aspx?IDP=1&1=id，登录时间：2017年1月4日。

[6] 《河北师范大学印尼研究中心揭牌仪式隆重举行》，河北师范大学网，2012年11月28日，http://www.hebtu.edu.cn/a/2012/11/28/1354081568327.html，登录时间：2017年1月4日。

[7] Natalia, "Tebar Pesona di Indonesia: Cara Cina Mengambil Hati Indonesia", in I. Wibowo & Syamsul Hadi, (eds.), *Merangkul Cina*, Jakarta: Gramedia Pustaka Utama, 2009, pp. 101 - 138.

[8] 李启辉、姜兴山：《印尼孔子学院工作刍议》，《东南亚研究》2013年第3期，第86页。

子学院相继在雅加达、万隆、锡江、玛琅、泗水和坤甸成立。① 除了创办孔子学院以外，汉办还与印尼两所中学合办孔子课堂，并开办 40 多个教学点。②

需要注意的是，"孔子"一词并不翻译成"Khonghucu"，而使用了其拼音字母"Kongzi"。这也许考虑到绝大多数为穆斯林的印尼公民的感受，因为一提到 Khonghucu 或者 Konfusius，部分印尼穆斯林在其潜意识里就立刻联想到孔教（Agama Khonghucu）。在西方国家的孔子学院项目，一方面可以被视为中国政府为增强汉语教育与对中华文化鉴赏的尝试，另一方面也可视为中国软实力投射的一部分，可以赢得当地民众的心，③ 孔子学院在印尼有时也被看成是中国乃至华人传播中国宗教信仰的神秘机构。据说，玛琅国立大学孔子学院在建设的过程中，曾遭遇当地伊斯兰教组织的阻拦，故该校孔子学院的印尼名称弹性地调整为"Pusat Bahasa Mandarin"（汉语教学中心），而非直译成"Institut Konfusius"亦或"Institut Khonghucu"。同样，印尼所有孔子学院均使用"Pusat Bahasa Mandarin"为名。

可是，并不是所有印尼穆斯林都意于阻拦，也有许多印尼穆斯林开始喜欢上中华文化。其中最为生动的例子是坐落于东爪哇省庞越（Probolinggo）县百顿（Paiton）镇的新光习经院（Nurul Jadid）。2009 年中国中央电视台（CCTV）"走遍亚洲，走进印尼"摄制组曾两次对该院进行采访，报道那里的汉语教学情况。"这是中国媒体第一次走入印尼的习经院。"④

两部拍摄成果分别于 2010 年 5 月 31 日和 2010 年 6 月 1 日在中央电视台 4 套（CCTV-4）播出。新光习经院自 2010 年起，每年都会通过东爪哇华文教育统筹机构等途径，保送十来位毕业生至中国厦门、杭州、重庆、南京等地留学，学习语言，他们均具有善于学习、借鉴外来文化有益成果之开放精神。⑤

---

① 《全球孔子学院（印度尼西亚）》，网络孔子学院，http://www.chinesecio.com/m/cio_wci/，登录时间：2017 年 1 月 4 日。
② 《中国—印尼人文交流暨孔子学院成果展活动雅加达开幕》，网络孔子学院，2015 年 11 月 10 日，http://www.chinese.cn/hanban/article/2015-11/10/content_622763.htm，登录时间：2017 年 1 月 4 日。
③ James F. Paradise, "China and International Harmony: The Role of Confucius Institutes in Bolstering Beijing's Soft Power", *Asian Survey*, Vol. 49, No. 4, July/August 2009, p. 649.
④ 习经院（Pondok Pesantren）是印尼传统的伊斯兰教寄宿学校。
⑤ 央视网，2010 年 5 月 25 日，http://news.cntv.cn/program/zoubianzhongguo/20100525/101512_4.shtml，登录时间：2017 年 2 月 2 日。

人文交流

　　在印尼被禁锢32年之久的华文教育，随着1998年苏哈托军人政府的崩溃，迅速复苏，印尼"汉语热"从此频频升温。不少正规学校，从幼儿园到大学，陆续开设汉语课程。据统计，印尼至少有22所大学在教授汉语。① 2006年至2013年，来自印尼各地的老一辈华人也创办了约37所三语学校。② 印尼的汉语水平考试（HSK）无论在考点的数量上，还是考试次数和报考人数上，均有所增加。而且，部分考点还开始实行现代化的网络考试。③

　　尽管如此，2004年1月成立的雅加达华文教育协调机构主席蔡昌杰表示，"汉语教育在印尼的发展仍然面临一定阻碍，主要就是汉语师资力量匮乏"，④ 出现了供不应求的状况。为解决这一问题，2004年8月，印尼国民教育部与中国国家汉办正式签署了"关于组织汉语教师志愿者赴印尼任教的协议书"，中国首次选派20名大学生志愿者赴印尼支教。此后，来印尼教授汉语的志愿教师呈逐年递增趋势，至2008年10月底，中国已向印尼70多所学校派出210多名汉语志愿者教师。2012年4月26日，印尼文教部部长代表Syawal Gultom总司长与中国国家汉办主任许琳在雅加达签署了《关于印度尼西亚汉语教师培养合作协议》，主要内容包括印尼教育文化部与中国国家汉办合作在2012年至2014年三年内共同培养100名汉语教师，每期培训为期6个月。⑤ 多年来，汉办在印尼先后培养了11000余名汉语学员，开展了上百项丰富多彩的文化活动，参与人数达90000多人次。⑥

---

① ［印尼］Novi Basuki：《汉语学习与中国认知——印尼东爪哇新光（NURUL JADID）习经院的调查研究》，（香港）《印尼焦点》2013年6月30日第38期，第54—56页。
② 宗世海、李静：《印尼华文教育的现状、问题及对策》，《暨南大学华文学院学报》2004年第03期，第4页。
③ 陈友明：《印尼三语学校华文教学考察探析》，《汉语国际传播研究》2014年第02期，第202页。
④ 曹云华等：《民主改革时期的印度尼西亚华人》，暨南大学出版社2014年版，第172—173页。
⑤ 《印尼华文教育需要更多汉语教师》，新华网，2014年8月6日，http://news.xinhuanet.com/world/2014-08/06/c_1111966835.htm，登录时间：2017年2月2日。
⑥ 《中国国家汉办主任许琳与印尼文教部部长代表签署合作协议》，世界汉语教学协会，2012年5月2日，http://www.shihan.org.cn/articles/102967，登录时间：2017年1月2日。

二 稳步推进的媒体合作

作为信息继承者和传播者，媒体对促进印尼与中国人民之间的理解和互信的作用毋庸赘述。早在1957年，中国与印尼双方的通讯社就签署了免费互换新闻协议。而且，在1992年1月印尼新闻部与中国国家广播电影电视总局签署《关于新闻合作的谅解备忘录》，安塔拉通讯社（Antara）和新华社可分别在北京和雅加达开设分社。然而，因资金问题，"理应有能力报道印尼与中国人民所需的信息"的安塔拉通讯社驻京分社于2001年关闭，直到2007年3月29日才被重启。①

反观拥有巨大外汇储备的中国，根据《经济学人》（The Economist）的资料，为了"让世界了解中国，让中国的声音传向世界"，② 中国政府计划花费66亿美元用于扩展中国媒体在海外的服务范围。③ 在印尼，被誉为"海外了解中国、中国了解世界的窗口"④ 的《人民日报（海外版）》与印尼最大的华文媒体《国际日报》开始联合发行，并在雅加达和泗水设有印刷点。⑤ 虽然只是做到了收支平衡，该报每日的发行量仍达6万余份，覆盖印尼全国120座城市。⑥ 2000年4月17日创刊的印尼《商报》还与中国新闻社合作，出版中国新闻专版，和《人民日报》《环球时报》合作在印

---

① 《印尼举办庆祝孔子学院成立十周年暨全球孔子学院日活动》，凤凰网，2014年9月28日，http://news.ifeng.com/a/20140928/42106653_0.shtml，登录时间：2017年2月2日。
② 《田聪明会见印尼新闻部秘书长及安塔拉通讯社社长》，新华网，2007年3月29日，http://news.xinhuanet.com/politics/2007-03/29/content_5913468.htm；"LKBN ANTARA Berperan Penting Dalam Hubungan RI-China Beijing"，Antara，March 29, 2007，登录时间：2017年2月2日。http://www.antaranews.com/berita/57383/lkbn-antara-berperan-penting-dalam-hubungan-ri-china，登录时间：2017年2月2日。
③ 郑保卫：《增强软实力善用"巧实力"——对当前我国对外新闻传播策略的思考》，《新闻记者》2009年11月，第25—29页。
④ Banyan, "The Chinese are Coming", The Economist, March 4, 2010, http://www.economist.com/node/15607496，登录时间：2017年2月2日。
⑤ 《人民日报海外版简介》，人民网，2005年6月28日，http://media.people.com.cn/GB/3503633.html，登录时间：2017年2月2日。
⑥ 《人民日报海外版在印尼发行5年受欢迎》，《人民日报海外版》2006年2月20日，第1版。

尼同期发行每周二出版的《生命时报》。①

的确，自1998年印尼民主政治转型以来，华文日报如雨后春笋般在印尼各地涌现。这些报刊除了作为中国观察印尼的重要渠道外，也成为中国向印尼传播"中国之声"的助推器。目前，雅加达不只有《国际日报》，还有《商报》和《印尼星洲日报》；泗水有《千岛日报》；棉兰有《讯报》和《好报》。② 最新创刊的是印尼印华传媒集团下属的《印华日报》。③ 这些报纸均设有专门报道中国要闻的版面。印尼孔子学院也借助华文日报推介中国语言文化。例如，自2011年9月27日《千岛日报》副刊上发表了玛琅国立大学孔子学院中国教师编写组稿的"汉风语韵"专栏第1期，此后每周刊出一次，内容涉及中国诗词散文、民间故事、文化长廊、流行口语、词语用法等方面。④

不止于此，自2010年起，中国中央电视台还成立了驻印尼记者站。⑤ 同年6月29日，印尼国家电台（RRI）与中国国际广播电台（CRI）也签订了关于两台间开展节目和人员交流的合作备忘录。⑥ 2012年4月26日，印尼新闻信息技术部与中国广播电视局签署了广播电视合作协议。其合作范围包括广播电视高科技及服务领域、数字地面广播服务、促进双方广播电视机构间的联合制作及节目交流、广播电视领域的人力资源建设等双方商定的广播电视其他领域。⑦ 在该协议框架下，双方将开展的多个项目有：（1）广播电视领域的合作，包括电信、广播和信息技术融合的政策和法规的信息交换；（2）联合举办广播电视领域的培训和研讨活动；（3）开展双方高级别官员的互访，包括参与双方举办的广播电

---

① 《"我想让印尼人民多了解中国"——访印尼〈国际日报〉董事长熊德龙》，新华网，2013年9月11日，http：//news.xinhuanet.com/overseas/2013－09/11/c_117321568.htm，登录时间：2017年2月2日。
② 《中国媒体代表团访印尼商报》，《印尼商报》2014年9月24日。
③ 沈伟真：《印尼华文媒体的现状和展望》，《千岛日报》2015年8月22日。
④ 《印尼华文报纸〈印华日报〉创刊发行》，新华网，2014年10月17日，http：//news.xinhuanet.com/2014－10/17/c_1112874314.htm，登录时间：2017年2月2日。
⑤ 《印尼孔子学院借助华文媒体推介中国语言文化》，中国新闻网，2011年9月29日，http：//www.chinanews.com/hwjy/2011/09－29/3363441.shtml，登录时间：2017年2月2日。
⑥ 《央视驻印尼第一任记者窦筠韵〈在印尼寻找印尼〉新书发布》，新浪网，2015年9月4日，http：//sh.sina.com.cn/news/k/2015－09－04/detail-ifxhqhui4803240.shtml?from=wap，登录时间：2017年2月2日。
⑦ 《我国RRI与中国CRI广播电台 签署合作谅解备忘录》，《印尼商报》2010年6月30日。

视会议和活动；（4）人力资源建设领域的合作，包括培训和教育项目。①

三 方兴未艾的旅游合作

旅游业不仅可以促进一国的经济发展，也有利于加深不同国家民众间对各自国家地理、风俗习惯、文化和生活等方面的相互了解。因此，旅游便成为印尼与中国合作的另一大项目。2012年3月，陪同苏西洛访华的印尼外长Marty Natalegawa代表印尼旅游和创意经济部（Kementerian Pariwisata dan Ekonomi Kreatif）与中国国家旅游局局长邵琪伟签署了对2001年《印度尼西亚共和国旅游和创意经济部和中华人民共和国国家旅游局关于中国公民赴印度尼西亚旅游实施方案的谅解备忘录》的修订案。② 2013年10月，习近平访问印尼期间，为取代2000年7月10日签订的旅游合作谅解备忘录，印尼旅游和创意经济部与中国国家旅游局签署了新的旅游合作谅解备忘录，为推动双方旅游合作奠定了基础。③ 两国有关部门还通过东盟平台，即从2002年首次在印尼召开的年度"10+3"旅游部长会议机制，④加强相关合作，协商旅游方面的具体议题。

印尼驻中国大使Imron Cottan表示，"赴印尼旅游的中国游客每年大约

---

① "Indonesia-China Pererat Kerjasama Informasi dan Penyiaran", Kementerian Komunikasi dan Informatika, March 27, 2012, http: //kominfo. go. id/index. php/content/detail/1907/Indonesia-China + pererat + kerjasama + informasi + dan + penyiaran + /0/sorotan_ media#. VlhYJ_ mqqko, 登录时间：2017年1月2日。

② "Agreement between the Ministry of Comunication and Information Technology of the Republic of Indonesia and the State Administration of Radio, Film and Television of the People's Republic of China On Radio And Television Cooperation", Jakarta：Basis Data Perjanjian Internasional KEMENLU, 2012.

③ 详见 "Amendment to The Arrangement Between The State Ministry of Culture and Tourism of The Republic of Indonesia and The National Tourism Administration of The People's Republic of China on The Implementation Plan of Outbound Group Travel By Chinese Citizens to The Republic of Indonesia", March 23, 2012.

④ 详见 "Memorandum of Understanding Between The Ministry of Tourism and Creative Economy of The Republic of Indonesia and The National Tourism Administration of The People's Republic of China On Tourism Cooperation", October 2, 2013.

以 14% 的速度增长"。① 依照印尼中央统计局（Badan Pusat Statistik，BPS）的数据，2004 年到访印尼的中国游客为 3.99 万，此后的 10 年呈直线上升，2014 年突破了 100 万人次。中国游客在印尼的平均停留时间为 4 至 5 天，人均每天花费是 100 到 110 美元。② 与此同时，到访中国的印尼游客也呈平稳上升趋势。根据中国国家统计局的统计，印尼赴华人数从 2005 年的 37.76 万人次，上升至 2014 年的 56.70 万人次，印尼成为中国第 15 大客源国，排在德国和英国之后。③

印尼政府采取了多项措施以吸收更多中国游客到印尼观光：（1）增加直航航线以改善两国的连通性；④（2）举办促销活动；⑤（3）启动旅游新战略计划、中文网站（cn.indonesia.travel）和新浪微博（印尼旅游部官方微博）；⑥（4）给予中国游客落地签证的待遇，并降低签证费用；（5）为持有中国工商银行信用卡的中国游客在印尼旅游、入境签证及消费等方面

---

① 《首次"10+3"旅游部长级会议在印尼召开》，《中国旅游报》2002 年 1 月 31 日。
② "Speech by H. E. Mr. Imron Cotan, Ambassador of the Republic of Indonesia, Press Conference to Publicize the MoU on Tourism Cooperation and to Launch Indonesian Tourism Website in Mandarin Version", KBRI di Beijing-RRT, Merangkap Mongolia, November 11, 2013, http://www.kemlu.go.id/beijing/Pages/Speech.aspx?IDP=16&l=id，登录时间：2017 年 1 月 2 日。
③ "China Pasar Utama Pariwisata Indonesia", Kompas Online, January 19, 2014, http://travel.kompas.com/read/2014/01/19/0633014/China.Pasar.Utama.Pariwisata.Indonesia，登录时间：2017 年 2 月 5 日。
④ 《2010 年中国旅游业统计公报》，中国国家旅游局，2012 年 8 月 7 日，http://www.cnta.gov.cn/zwgk/lysj/201506/t20150610_18888.shtml，登录时间：2017 年 2 月 5 日。
⑤ 《印尼高官：中国游客市场潜力巨大》，中国新闻网，2014 年 10 月 4 日，http://www.chinanews.com/gj/2014/10-04/6650141.shtml，登录时间：2017 年 2 月 5 日；《印尼旅游业发展历程》，中国—印尼经贸合作网，2009 年 2 月 24 日，http://www.cic.mofcom.gov.cn/ciweb/cic/info/Article.jsp?a_no=173911&col_no=464，登录时间：2017 年 2 月 5 日；《下月福厦可直飞雅加达》，《东南快报》2013 年 8 月 6 日，第 A27 版；"How Asia is chasing the Chinese tourist dollar", CNN, January 28, 2014, http://www.cnn.com/2014/01/28/travel/asia-china-tourists/，登录时间：2017 年 2 月 5 日。
⑥ 印尼旅游和创意经济部 2013 年推出了"16-16-7"旅游战略。第一个"16"指包括中国在内的 16 个主要游客来源地，印尼会在这 16 个国家和地区举行一系列的推广活动；第二个"16"指印尼 16 个新的旅游目的地，包括龙目岛、科莫多岛、多巴湖等；"7"指的是 7 个旅游主题，包括生态游、文化游、运动休闲游、美食购物游、邮轮游、健康美体游、会奖游等。参见：《印尼鹰航在中国宣传 2008 印尼旅游年》，《印尼商报》2008 年 1 月 29 日；《印尼高官：中国游客市场潜力巨大》，中国新闻网，2014 年 10 月 4 日，http://www.chinanews.com/gj/2014/10-04/6650141.shtml，登录时间：2017 年 2 月 5 日。

提供更多的便利与优惠,① 等等。

虽然如此,根据中国旅游研究院的报告,由于基础设施滞后,中国游客认为,印尼是最令他们不满意的旅游目的地国之一,影响了他们赴印尼观光的欲望。② 不过,印尼旅游和创意经济部部长冯慧兰也对很多中国旅行社在游客落地印尼后收取据称是印尼方面要求的额外费用感到担忧。她表示:"这些费用令中国游客失望,可他们没怪罪旅行社,而是怪印尼政府。"③ 另外,精通汉语、具备中国式思维的从业者在印尼旅游市场上的缺乏,也成为招揽中国游客的阻碍。④ 当然,中国游客极少了解除了巴厘岛与雅加达外的印尼旅游景点,也成为他们赴印尼旅游的制约因素。冯慧兰谈到,自己曾经陪同中国客人前往日惹世界七大奇迹之一的婆罗浮屠佛塔(Borobudur),"他们很惊讶说,印尼竟然还有这么震撼的景色。我们也很惊讶,原来中国游客对印尼知之甚少"⑤。

表1　　　　　　　　　赴印尼的中国游客　　　　　　单位:万人次

年份	人数
2004	3.9936
2005	12.8681
2006	18.2341
2007	26.9216
2008	35.4641
2009	44.4598
2010	51.1188
2011	59.4997

---

① 《印尼旅游和创意经济部部长来华启动旅游新战略计划和中文网站》,中国旅游新闻网,2013年11月14日,http://www.cntour2.com/viewnews/2013/11/14/a3KVZlXsn4SkqdNBOZeI0.shtml,登录时间:2017年2月5日。
② 《印尼文化旅游部与中国工商银行(印尼)公司签署合作备忘录》,《广西日报》2008年4月2日。
③ 《印尼媒体:担忧中国游客不满意》,环球网,2014年4月30日,http://oversea.huanqiu.com/article/2014-04/4983561.html,登录时间:2017年2月5日。
④ 同上。
⑤ 《丝路新语:印尼旅游市场渴求中国》,中国新闻网,2014年8月4日,http://www.hi.chinanews.com/hnnew/2014-08-04/355494.html,登录时间:2017年2月5日。

续表

年份	人数
2012	72.6088
2013	85.8140
2014	105.2705

资料来源:"Arrivals of International Visitor to Indonesia by Nationality, 2000-2014", Badan Pusat Statistik, https://www.bps.go.id/linkTabelStatis/view/id/1394.

表2　　　　　　　　　赴中国的印尼游客　　　　　　　　单位：万人次

年份	人数
2004	34.98
2005	37.76
2006	43.30
2007	47.71
2008	42.63
2009	46.90
2010	57.34
2011	60.87
2012	62.20
2013	60.50
2014	56.70

资料来源：中国国家统计局国别数据。

四　砥砺前行的宗教交流

著名学者弗朗西斯·福山（Francis Fukuyama）认为，"宗教对增加人类社会的信任半径起到了至关重要的作用"。[1] 印尼建国五项原则"潘查希拉"（Pancasila）的第一项乃为"信仰最高与唯一的真主"（ketuhanan yang maha esa）。尤其是苏哈托时期，印尼政府为压制无神论的共产党，规定了其国民必须选择被政府视为合法的五大宗教（伊斯兰教、佛教、印度教、

---

[1] [美] 弗朗西斯·福山：《大分裂：人类本性与社会秩序的重建》，刘榜离译，中国社会科学出版社2002年版，第299页。

基督教、天主教）之一，否则将有可能被视为共产党的同路人。① 而今，伊斯兰教自 1998 年印尼实施改革政策起，不仅成为印尼国家认同的一部分，也成为印尼对外政策的制约因素之一。②

众所周知，印尼是世界上穆斯林人口最多的国家，伊斯兰教徒占其总人口的 88.2%。③ 中国国家宗教事务局局长王作安 2010 年在印尼伊斯兰大学（Universitas Islam Indonesia）的演讲中表示："在中国和印尼两国人民源远流长的友好历史中，伊斯兰教是重要的纽带。"④ 时任印尼最大伊斯兰组织之一的穆罕马迪亚协会（PP Muhammadiyah）总主席丁·善苏丁（Din Syamsuddin）也认为："与中华文化最接近的宗教乃是伊斯兰教。"⑤ 前总统哈比比（BJ Habibie）更是直言不讳称："中国给予印尼最伟大的礼物就是伊斯兰教。"⑥ 印尼与中国的伊斯兰教交流可以追溯到中国明代穆斯林航海家郑和，而印尼华人穆斯林及其社团则为之牵线搭桥。

"郑和清真寺"（Masjid Haji Muhammad Cheng Hoo）可成分析例子。印尼第一座，也是世界首个以郑和命名的清真寺于 2003 年在印度尼西亚东爪哇首府泗水市落成。该寺采用了印尼、中国、阿拉伯文化相结合的建筑风格，以绿、红和黄为主颜色。该寺建立的资金主要由当地华人通过 1996 年成立的哈夷郑和基金会（Yayasan Haji Muhammad Cheng Hoo）和印尼华裔伊斯兰联合会筹集。据悉，华裔捐款人当中很多并非伊斯兰教徒，而他们意识到这不单是宗教信仰的事情，而是关乎与当地社会的融合问题。⑦ 截

---

① 顾长永：《印度尼西亚：政治经济与社会》，丽文文化出版社 2002 年版，第 81—82 页。
② Rizal Sukma, "Domestic Politics and International Posture: Constraints and Possibilities", in Anthony Reid (ed.), Indonesia Rising: The Repositioning of Asia's Third Giant, Singapore: ISEAS, 2012, pp. 85 – 86.
③ Pew Reseach Center, "Mapping The Global Muslim Population: A Report on the Size and Distribution of the World's Muslim Population", August 10, 2009.
④ 《共同谱写中印尼伊斯兰文化交流新篇章——在印尼国立伊斯兰大学的演讲》，《国家宗教事务局》2010 年 7 月 25 日，http://www.sara.gov.cn/jqgk/ldxx/wza/ldjh/5637.htm。
⑤ "Din: Agama Paling Dekat dengan Budaya Cina Adalah Islam", Republika, October 16, 2013, http://www.republika.co.id/berita/dunia-islam/islam-nusantara/13/10/16/murdzv-din-agama-paling-dekat-dengan-budaya-cina-adalah-islam, 登录时间：2017 年 2 月 5 日。
⑥ "Habibie: Hadiah Terbesar Bangsa Cina ke Indonesia adalah Islam", Republika, September 27, 2013, http://www.republika.co.id/berita/dunia-islam/islam-nusantara/13/09/27/mtrx43-habibie-hadiah-terbesar-bangsa-cina-ke-indonesia-adalah-islam, 登录时间：2016 年 11 月 30 日。
⑦ 《印尼"郑和清真寺"》，华夏经纬网，2005 年 12 月 7 日，http://www.huaxia.com/zt/whbl/05 – 047/2005/00341086.html。

至2012年苏西洛执政时期，根据泗水郑和清真寺发起人柳民源（Bambang Sujanto）的透露，印尼先后在巨港（Palembang）、锡江（Makassar）、班达安（Pandaan）、占碑（Jambi）、任抹（Jember）、婆约拉里（Boyolali）和三马林达（Samarinda）共建成了7座郑和清真寺。①

同泗水郑和清真寺一样，其他地区的郑和清真寺也大多设有印尼文、中文、英文和阿拉伯文的四语幼儿园、运动场、华文实习班和图书馆等，向所有穆斯林开放，迎纳印尼各部族到此学习参观。泗水郑和清真寺在寺内还有一间针灸保健室，给当地穷人提供免费治疗。他们也创办了《郑和》（Cheng Hoo）杂志，报道清真寺所举办的慈善活动及其相关信息。② 东爪哇副省长赛义夫拉（Saifullah Yusuf）评论道："郑和清真寺是不同信仰之间和平共处的象征，是象征着和谐、仁爱、团结的祈祷室。"③ 又如一位印尼学者所指出的，郑和清真寺的建立对拉动印尼华人与非华人在文化、社会、教育和宗教之间的关系，尤其对加强印尼与中国的友好交往，扮演了重要的角色。④

在两国宗教事务部门频繁互动的推动下，印尼与中国在宗教领域的合作亦得到进一步的拓展。应中国伊斯兰教协会邀请，印尼伊斯兰教法学者委员会主席哈米旦·沙伯莱（Amidhan Saberah）率团一行约40人于2012年5月12—24日访问中国，并先后考察了泉州、西安和北京的伊斯兰教遗址。在京期间，中国国家宗教局局长王作安会见了访问团全体成员。23日，中国伊斯兰教协会会长陈广元大阿訇与哈米旦会晤，并举行了印尼伊斯兰教法学者委员会和中国伊斯兰教协会的合作谅解备忘录的签署仪式。双方一致同意今后在清真食品监制和认证、举办伊斯兰教文化展览、举办伊斯兰教文化研讨会、派遣留学生、学者互访交流和制作伊斯兰教文化遗产影视作品等六个方面开展合作。⑤ 之前，为了庆祝印尼与中国建交60周

---

① 《印尼泗水郑和清真寺举行成立十周年庆祝活动》，新华网，2012年10月14日，http://news.xinhuanet.com/world/2012-10/14/c_123820767.htm，登录时间：2017年2月5日。
② Choirul Mahfud, "The Role of Cheng Ho Mosque: The New Silk Road, Indonesia-China Realtions in Islamic Cultural Identity", *Journal of Indonesian Islam*, Vol. 08, No. 01, June 2014, p. 33.
③ "Chengho Mosque, a Symbol Peace", *The Jakarta Post*, July 28, 2013.
④ Choirul Mahfud, "The Role of Cheng Ho Musque: The New Silk Road, Indonesia-China Relations in Islamic Cultural Identity", *Journal of Indonesian Islam*, Vol. 08, No. 01, June 2014, pp. 23-38.
⑤ "Kunjungi China, MUI Rintis Kerjasama Pendidikan Islam", Detik, May 14, 2012；《印尼伊斯兰教法学者委员会访问团应邀访华》，中国伊斯兰教协会网，2012年5月12日，http://www.chinaislam.net.cn/cms/yhjw/youhaowanglai-gai-/201407/28-6544.html，登录时间：2017年2月9日。

年，两国在雅加达会展中心举办了由印尼伊斯兰教法学者委员会和中国伊斯兰教协会联合主办，并得到中华宗教文化交流协会，澳门中华宗教文化交流协会，印尼第一大伊斯兰教组织"伊斯兰教师联合会"，印尼穆罕默迪亚协会以及印中经济、社会与文化合作协会的共同协助与支持的"印尼—中国 2010 伊斯兰文化展演"大型活动。印尼伊斯兰教法学者委员会主席哈米旦表示："举办这次展演活动的目的是加强印尼与中国穆斯林在 15 世纪穆斯林航海家郑和来到印尼就开始的传统关系。"①

与此相呼应，关于印尼的伊斯兰教与中国的伊斯兰教关系的书籍也陆续在印尼问世。北京大学著名印尼语言文化专家孔远志教授 2000 年用印尼文写成的专著 *Muslim Tionghoa Cheng Ho：Misteri Perjalanan Muhibah di Nusantara*（《中国穆斯林郑和访问印尼群岛揭秘》）至今仍在再版。② 1968 年，因指出"九大圣人"（Wali Songo）中有几位实际上是华人而后被苏哈托政府列为禁书的穆尔贾纳教授（Slamet Muljana）的著作 *Runtuhnja Keradjaan Hindu-Djawa dan Timbulnja Negara-negara Islam di Nusantara*（《印度—爪哇王国的消失与伊斯兰国家在马来世界的兴起》）于 2008 年获得解禁，再次引起印尼各界的热烈反响。③ 新加坡华人学者陈大成的英文著作 *Cheng Ho and Islam in Southeast Asia* 2010 年也被翻译成印尼文 *Cheng Ho：Penyebar Islam dari China ke Nusantara*（《郑和：来自中国的马来世界伊斯兰教传播者》），印尼著名中国问题专家阿·达哈纳（A. Dahana）教授为之作序。④ 2008 年 5 月 27—29 日在雅加达和泗水二城举行的由印尼伊斯兰教师联合会和印尼市场协会（IMA）主办、中国伊斯兰教协会、希达亚都拉伊斯兰大学（UIN Syarif Hidayatullah）、美都电视台（Metro TV）和美加银行（Bank Mega）协办的"印尼与中国伊斯兰教社会、文化国际讲座会"（Seminar Internasional Budaya Islam Nusantara-China），其论文集 *Menghidupkan Kembali Jalur Sutra Baru：Format Baru Hubungan Islam Indonesia dan China*（《复兴新

---

① "Pameran Kebudayaan Islam Indonesia-China Segera Dihelat di JCC", Majelis Ulama Indonesia, 1 June, 2010.
② Kong Yuanzhi, *Muslim Tionghoa Cheng Ho：Misteri Perjalanan Muhibah di Nusantara*, Jakarta: Yayasan Obor Indonesia, 2000.
③ Slamet Muljana, *Runtuhnja Keradjaan Hindu-Djawa dan Timbulnja Negara-negara Islam di Nusantara*, Yogyakarta: LKiS, 2008.
④ Tan Ta Sen, *Cheng Ho：Penyebar Islam dari China ke Nusantara*, Jakarta: Penerbit Buku Kompas, 2010.

人文交流

丝绸之路：印尼伊斯兰教与中国的新方案》）2010年在印尼最大出版集团Gramedia Pustaka Utama 出版发行。①

五 思考与建议

综上所述，苏西洛时期印尼与中国的人文合作交流已基本落实了两国政府所签署的相关文件。但是，这些原本为增信释疑的举措，效果却仍不太明显。不论是印尼民众，还是中国人民，均对各方存在着以偏概全的看法。印尼"中国研究中心"2014年9月在印尼15个城市做的"印尼民众对中国的认知"民调显示，1096个被调查者中，只有17%表示最喜欢的国家为中国。相较于最喜欢日本（31%）、美国（26%）、印度（22%）、澳大利亚（19%）还相差甚远。②印尼印华心声研究机构辅导主席伍耀辉亦注意到，"包括中国在内的许多国家的人民，对于青翠可爱，环绕赤道，宛如碧玉腰带的印尼仍然缺乏足够的认识。……我回到中国，还经常听到人们这样说：'印尼是一个小国家'；'印尼很落后'；'印尼排华很严重，一定很恐怖吧？'"③正因如此，今后两国亟须在以下几个方面努力：

第一，由于意识形态差异和历史原因，直至如今中国政府在印尼社会上仍经常遭遇各种偏见、误解乃至敌意。为此，两国应当进一步加强宗教事务交流。首先，中方可以组织印尼伊斯兰长老（kiai）④访华，探访中国伊斯兰教遗址，考察中国伊斯兰教的发展现状。这是因为，在印尼，伊斯兰长老不仅有崇高的社会威望，而且被广泛认为是社会良知的代表。他们

---

① Komaruddin Hidayat, et al., Menghidupkan Kembali Jalur Sutra Baru: Format Baru Hubungan Islam Indonesia dan China, Jakarta: Gramedia Pustaka Utama, 2010.
② 详见 René L Pattiradjawane, "The Indonesian Perspective toward Rising China: Balancing the National Interest", *Asian Journal of Comparative Politics*, Vol. 1, No. 3, September 2016, pp. 260–282.
③ 伍耀辉：《对印尼和中国的相互认知问题及中国投资印尼的思考与建议》，新浪微博，2013年5月4日，http://blog.sina.com.cn/s/blog_806b7081010164io.html，登录时间：2017年2月9日。
④ 习经院的领导人被尊称为"kiai"。印尼的虔诚穆斯林很多都在习经院里受过教育。可以说，习经院是印尼"伊斯兰教育之摇篮"。印尼语中将正在或已经接受过习经院教育的人称为"三德礼"（santri）。因此，"kiai"及"santri"对中国的认知，对于广大印尼民众对中国的与态度，具有一定的代表意义。

在社会大众心里拥有着稳定的权威，还能发挥政治教育和政治动员的作用。① 其实，中国政府已经认识到了这一点。2013年10月2日习近平访问印尼与苏西洛举行会谈时特意邀请印尼伊斯兰长老访华以"全方位推进各领域合作，在更高水平、更宽领域、更大舞台上开展交流合作"。② 这个意愿何时付诸实施，我们仍需拭目以待。其次，鼓励更多孔子学院或孔子课堂走进印尼伊斯兰教学校——特别是习经院——教授中文与中华文化。有研究发现，习经院师生学习汉语者对中国的社会、文化、政治、宗教等方面的了解、好感和评价远高于未学习汉语者。③ 可见，语言的传播在他国国民对语言所在国的认知方面的作用是明显的。再次，两国旅游部门可以联合开发"伊斯兰旅游"路线。以吸引更多的中国游客到印尼观光，印尼已经推出一条集旅游、文化、商贸等为一体的"郑和旅游线"项目，是一条游览当年郑和下西洋途中经过的巴淡、巨港、邦加、勿里洞、雅加达、三宝垄、井里汶、泗水和巴厘岛等印尼9个城市的文化旅游专线，包括郑和船队留下的文化遗迹、宗教遗址和民风习俗等。中国也可以仿效印尼开辟伊斯兰教遗址旅游路线。比如，从广州的怀圣寺和安葬了穆罕默德舅父宛噶素（Sa'd ibn Abi Waqqas）及其他穆斯林的清真先贤古墓，经泉州的清净寺与相传安葬了来泉州传教的穆罕默德门徒三贤、四贤的灵山"圣墓"，到扬州的仙鹤寺、北京的牛街清真寺、西安的化觉巷清真大寺和大学习港清真寺，再到宁夏、青海或新疆。通过亲身体会，印尼穆斯林能够感受伊斯兰教在中国最真实的现状。

第二，依托不断紧密的印尼与中国经济关系促进两国民间交流。"现在两国一周的贸易额相当于1990年全年的贸易额"，④ 且"中国从2004年的印尼第五大贸易伙伴上升至2010年的印尼最大贸易伙伴"。⑤ 目前，中国大陆成为印尼第三大投资来源国，仅次于新加坡和日本，并超越了美

---

① "DPR Soroti China, Minta Kereta Cepat Dibatalkan", *IndoPos*, June 9, 2016, http://indopos. co. id/dpr-soroti-china-minta-kereta-cepat-dibatalkan/，登录时间：2017年2月9日。
② 周新华：《试论伊斯兰教对独立后的印度尼西亚民族国家整合的促进》，《宁夏社会科学》2011年5月第3期，第74页。
③ 《习近平同印尼总统举行会谈》，《海南日报》2013年10月3日，第A03版。
④ ［印尼］Novi Basuki：《汉语学习与中国认知——印尼东爪哇新光（NURUL JADID）习经院的调查研究》，（香港）《印尼焦点》2013年6月30日第38期，第55页。
⑤ 吴崇伯：《中国与印尼经济关系的发展与对策》，《江南社会学院学报》2014年第16卷第1期，第39—43页。

国。① 中国在印尼的公司在追求经济利益的同时，除了应当尊重当地居民的宗教信仰与各种风俗习惯，也应该加强对自己劳工队伍的管制，② 公平对待并尽可能多地吸收印尼本土劳工，③ 树立中国国家的正面形象。

第三，借助中国游客展示中国作为"礼仪之邦"自古注重礼仪的形象。部分中国游客在游览印尼名胜古迹时，应当摒弃在公众场合大声喧哗、随地吐痰等陋习。④ 旅游从业者也应当及时劝阻游客的不文明行为，引导游客尊重旅游目的地文化习俗。此外，两国还应当逐步完善彼此互免签证待遇。自 2015 年 6 月，印尼为中国游客实施了在指定的 9 个口岸免签入境并停留 30 天的政策（BVKS）。而中国只在桂林对包括印尼在内的几个东盟国家实行 6 天免签政策，而且必须从桂林入境及出境返国。⑤

第四，在教育合作方面，首先，双方可以探究合作办学路子，增进印尼与中国学生之间的双向流动，培养一批通晓两国国情、社会文化的高级人才。双方教育部门可以采取"3+1"本科联合培养模式或者"2+1"硕

---

① "Perdagangan Indonesia-China"，*Kompas*，February 2, 2011.
② 《中国内地成为印尼第三大投资来源地》，《人民日报》2017 年 1 月 26 日，第 21 版。
③ 2016 年 4 月，由于非法闯入空军基地军事管制区，7 名工人在雅加达哈利姆机场（Halim Perdana Kusuma）被军方拘留，怀疑他们进行间谍活动。其中，5 名为中国籍，两名为印尼籍。被抓扣的工人隶属印尼维卡公司的合作矿业公司。维卡公司牵头的印尼国企联合体与中国铁路总公司牵头的中企联合体组成印尼中国高铁合资公司（KCIC），负责雅加达—万隆高铁的建设工作。同年 5 月 3 日，坤甸市（Pontianak）移民局逮捕了 48 名中国人，其中只有 24 人持有工作许可证。8 月 1 日，万丹省（Banten）警方逮捕了 70 名在水泥厂工作却不能出示合法工作签证的中国人。凡此种种，不一而足。有资料显示，2016 年 1—7 月，印尼共审理 5044 例外籍劳工案件，成功遣返 2856 人离境，其中居首为 1180 名中国人，其次是 411 名阿富汗人。详见："Proyek Senyap Pekerja China di Halim Perdanakusuma"，Viva，April 29, 2016, http://fokus.news.viva.co.id/news/read/766700-proyek-senyap-pekerja-china-di-halim-perdanakusuma；"Pekerja Tiongkok Ditangkap"，Pontianak Post，May 4, 2016, http://www.pontianakpost.com/pekerja-tiongkok-ditangkap，登录时间：2017 年 2 月 9 日；"Pihak Imigrasi Ikut Bertanggungjawab Atas Serbuan TKA China Illegal"，Republika，July 27, 2016, http://rmol.co/read/2016/07/27/254632/Pihak-Imigrasi-Ikut-Bertanggungjawab-Atas-Serbuan-TKA-China-Illegal-。
④ 有报道称，中国劳工在印尼的中国公司的薪水为 1500 万印尼盾（大约 7 千人民币），而印尼工人的工资，虽然做相同的工作，只是 200 万印尼盾。"Buruh China Digaji 15 Juta, Pekerja Lokal 2 Juta Sebulan"，Viva，August 2, 2016, http://nasional.news.viva.co.id/news/read/803909-buruh-china-digaji-15-juta-pekerja-lokal-2-juta-sebulan.，登录时间：2017 年 2 月 9 日。
⑤ "Bali Tak Perlu Takut Kebanjiran Turis China"，Detik，July 28, 2016, https://travel.detik.com/read/2016/07/28/182033/3263819/1382/bali-tak-perlu-takut-kebanjiran-turis-china，登录时间：2017 年 2 月 9 日。

士联合培养模式抑或"2+2"的博士培养模式,选择学科齐全的高校签订相关协议。其次,双方可以搭建大学智库机制化交流平台。比如,两国教育部门搭建印尼—中国大学智库论坛,就两国以及全球面临的紧迫问题开展联合研究和探讨,为两国关系提供建设性政策建议。两国教育部门还可以搭建印尼—中国教育智库对话,围绕21世纪素养与教育创新、区域教育改革与创新、教师素质与教育质量等议题进行研讨。

第五,印尼与中国的媒体合作不应只限于两国官方媒体抑或中文媒体之间的合作,双方应当将这一领域的合作延展至主流的私营媒体或者印尼语媒体,这是考虑到印尼官媒和中文媒体收视率低。[①] 在这样的情况下,渴望广大印尼人民能够及时了解到客观的涉华信息似乎成了一种奢望。

最后,但并非最不重要的是,中国国务院副总理刘延东说,"人文交流单靠政府的努力是不够的,只有让民众成为主体,才能富有活力、持续发展"。[②] 然而,在印尼与中国进行人文交流与合作的过程中,框架设计者和事务主导者是政府,民众反而只充当按照作为"编导"的政府所制定的"剧本"进行"演出"的演员。所以,我们现在所看到更多的是两国的人文"合作",而不是两国人民的人文"交流"。有鉴于此,未来两国的人文交流的主体和对象应当突破政府机关这一高层的局限,拓展到基层社会和普通民众这一非官方力量的层面上。唯有如此方能淡化呆板的政治宣传色彩,更容易被广大民众所接受。另外,应该特别注意,中国政府不应过分亲近绝大部分已经归化为印尼公民的华人,因为这很容易带来不必要的误会,而且也会阻挠与印尼"原住民"的交流。2012年5月15日,由于北京市侨办主任李印泽访问雅加达与印尼华商会面时的不谨慎发言,引起一位名叫"Sastrawinata"的读者借机投书雅加达极有影响力的《时代报》(*Koran Tempo*)。该读者认为,多年来中国侨办有诱导印尼华人心向的意图,因此,该读者呼吁:"为了国家利益和民族建设,以及防止华人社团被当作中国在印尼的'第五纵队',我们理应解散和禁止华人社团——这

---

① 《大马人可免签证入境桂林6天》,东方网,2015年6月19日,http://www.orientaldaily.com.my/nation/gn6732031,登录时间:2017年2月9日。
② 刘延东:《人文交流与中美关系的未来——在美国麻省理工学院中国论坛的演讲》,中华人民共和国外交部,2011年4月13日,http://www.fmprc.gov.cn/web/ziliao_674904/zyjh_674906/t844314.shtml,登录时间:2017年2月9日。

一排他性的团体。……我们决不能让国家的改革被外国利益所操控。"①

结 语

总而言之，未来印尼与中国在人文合作交流方面需要在现有的基础上，并在 2015 年 5 月 27 日两国启动的副总理级人文交流机制的引领下，不断开拓和深化，尤其要面向基层、面向民众，以推动两国人民相互走近、相知相亲，使两国在各方面的合作拥有更加坚实的民众支持基础。一言以蔽之，人文交流是人与人的沟通与交往。西汉名将李陵在其《答苏武书》一文写道，"人之相交，贵在相知"。印尼谚语亦言："tak kenal maka tak sayang"，"若不相知便很难相爱"。古之人不余欺也。

Indonesia-China People-to-People Relations during the Presidency of Susilo Bambang Yudhoyono: An Overview

Novi Basuki

Abstract By looking at Indonesia and China cooperations in education, media, tourism, religions, as well as other fields of people-to-people exchanges during ten years of Susilo Bambang Yudhoyono's presidency, it can be said that the relevant documents signed by the two governments have been basically implemented. However, the result of these measures, which originally were to enhance mutual trust between the two states, was actually "close, but no cigar". Therefore, on the one hand, it is important for both Indonesia and China to continuously develop and deepen the cooperation that has been established under the deputy-prime-ministerial people-to-people exchange mechanism established on May

---

① "Anggaran Besar Penonton Sedikit, Komisi I DPR Pertanyakan Kinerja TVRI", Akurat, February 8, 2017, http://akurat.co/kanal/id-15210-read-anggaran-besar-penonton-sedikit-komisi-i-dpr-pertanyakan-kinerja-tvri, 登录时间：2017 年 2 月 9 日。

27, 2015. On the other hand, to consolidate public base for the future of Indonesia-China bilateral ties, the two countries are also required to attract more grass-roots citizens to participate in cultural activities, making opportunities for them to get to know each other better.

Key Words　Susilo; Indonesia-China Relations; People-to-People Cooperation

Author　Novi Basuki, Researcher, Centre for Chinese Studies, Indonesia.

会议综述

Conference and Literature

战略深植　多国联动　砥砺前行

——"澜沧江—湄公河次区域论坛·2016"会议综述

蓝　瑶

【摘要】中国与澜沧江—湄公河下游五个国家地理毗邻、文化相近，在多边合作层面具有深厚的基础、广阔的空间和巨大的潜力。在亚洲区域一体化深入发展、湄公河国家国力和发展潜力日益凸显的背景下，流域六国根据共同需求，量身定制"澜湄合作"机制这一新型次区域合作机制，将其打造成为六国共商、共建、共享的平台，既顺应时势，又合乎民意，是建设互利互惠、合作共赢的澜湄国家命运共同体的必然要求。由中国—东盟区域发展协同创新中心及广西大学联合主办，广西大学中国—东盟研究院承办的"澜沧江—湄公河次区域论坛·2016"国际学术研讨会，深入探讨了"澜湄合作"机制的推进意义、推进逻辑、推进过程中的困难及其解决途径，在六国专家的交流互动中，为"澜湄合作"机制的推进，开启各国利益交融、命运与共的澜湄新篇章作出了贡献。

【关键词】"澜湄合作"机制　高阶一体化　契合国别战略　互补共赢

【作者简介】蓝瑶，广西大学中国—东盟研究院越南研究所研究助理。

2016年3月23日，澜沧江—湄公河合作首次领导人会议在海南省三亚市举行，标志着澜沧江—湄公河合作机制正式启动。推进澜沧江—湄公河合作（以下简称"澜湄合作"）是落实习近平主席提出的建设亚洲命运共同体倡议的具体实践，也是为促进次区域发展与繁荣提出的重要方案。在此背景下，受外交部、财政部"亚洲区域合作专项资金"资助，由中

会议综述

国—东盟区域发展协同创新中心及广西大学联合主办，广西大学中国—东盟研究院承办的"澜沧江—湄公河次区域论坛·2016"于2016年12月2日至6日，在中国广西壮族自治区南宁市举行。来自"澜湄合作"机制6个成员国的20多位专家学者，围绕推进"澜湄合作"机制建设的意义、困难及解决方案等议题展开广泛而深入的学术交流。

广西壮族自治区人大教育科学文化卫生委员会副主任委员、广西大学中国—东盟研究院院长梁颖教授主持了论坛开幕式。广西壮族自治区高等学校教育工作委员会副书记秦敬德女士、缅甸联邦共和国驻南宁总领事馆总领事昂哥先生、广西大学副校长张协奎教授分别做开幕致辞。广西大学中国—东盟研究院常务副院长范祚军教授做了《"一带一路"倡议的切入点》主题演讲。

在致辞环节，秦敬德女士指出"澜湄合作"机制是深化区域合作的有益创新和尝试，其意义在于缩小区域内各国的发展差距，促进政治互信、经济合作与互利共赢。缅甸联邦共和国驻南宁总领事馆总领事昂哥先生高度评价此次论坛，称其构建了能够加强交流、夯实合作的高端国际学术平台，为实现命运共同体和共同繁荣的理想发挥了积极的作用。广西大学副校长张协奎教授则表示愿与中外专家和学者共同努力，充分发挥中国—东盟区域发展协同创新中心和广西大学中国—东盟研究院的智库功能，促进中国与湄公河流域国家开放合作，助力构建和落实"澜湄合作"机制伙伴关系。

广西大学中国—东盟研究院常务副院长范祚军教授在其主题演讲《"一带一路"倡议的切入点》中指出，建立健全包括"澜湄合作"机制在内的双边和多边合作机制，是中国践行参与全球治理大国责任的必经之路，并提出应以规划对接促进设施联通、以制度对接促进贸易畅通、以金融支撑促进资金融通、以增强互信促进政策沟通、以夯实基础促进民心相通，以期实现新经济走廊建设、全球价值链重构、"一带一路"金融支撑体系打造、双边互信提升、人文交流机制建构。

一 "澜湄合作"机制的推进意义

（一）区域合作理论内容与形式上的升华创新

云南大学国际关系研究院副院长卢光盛教授借用新功能主义的理

论，阐述区域内国家在技术、经济等功能性领域不断深化合作，将导致"外溢效应"，推动安全和政治领域合作，进而推动区域逐步向高阶一体化深入发展。"澜湄合作"机制在内容上涵盖了政治、经济、社会、人文等各类领域，契合高阶次区域主义，合作深度和广度都得到前所未有的升华。中国出口信用保险公司国别风险研究中心主任王稳指出，"澜湄合作"机制将政治安全放在三大支柱（政治安全、经济可持续发展、社会人文）之首，转变了之前"以经济为导向"的思路，在功能上体现出参与国之间复杂的政治和经济关系，这就突破已有的模式，在形式上对现有合作机制进行了有力补充，从而成为一个创新点。

（二）区域共同发展的现实需求

从共同发展的基础来看，越南社会科学翰林院分析与预测中心副主任黎金沙（Le Kim Sa）博士指出，中国—东盟合作已经进入"零关税"时代，低关税的边际效应正逐渐减少，持续采取贸易优惠政策也很难再有成果。在此背景下，如何提升经济合作的水平和层次成为夯实区域发展基础的迫切需求，大湄公河次区域国家和地区亟须新动力以加深经济联系。为应对该困局，越南社会科学翰林院中国研究院中国对外政策研究室研究员黄惠英（Hue Anh Hoang）和泰国清迈大学东盟研究中心主任尼西·攀塔米（Nisit Panthamit）提出，澜沧江—湄公河流域国家经济结构、资源、经济发展程度存在差异性和互补性，因此，"澜湄合作"蕴含着在"零关税"时代推动中国—东盟经济持续利好的巨大动能：利用"澜湄合作"机制可以统一进行生产管理和规划，以减少各国的资源浪费和政策制定失误，促进产业结构调整升级。同时，中国强大的对外投资能力可以为澜沧江—湄公河下游国家经济发展带来强大助力，如中国发起或参与的中国—东盟投资合作基金、亚洲区域合作专项基金、丝路基金、亚洲基础设施投资银行（以下简称亚投行）等，都是大湄公河次区域经济合作的重要资金来源。因此，"澜湄合作"机制的建立恰好能够整合多方优势，淡化消极因素，最终实现区域和谐、互利共赢、协同发展。

从大湄公河次区域共同发展的迫切需求来看，柬埔寨皇家金边大学国

会议综述

际研究系主任尼克·占达里（Neak Chandarith）和黄惠英都看好"澜湄合作"机制在缩小区域国家发展差距上的积极作用。澜沧江—湄公河下游国家经济欠发达，交通、能源等基础设施发展水平落后，且资金匮乏，生产能力与技术水平低下，而通过与经济发展水平相对较高的中国合作，接受来自中国不附带政治条件的投资，能够有效促进区域平衡发展和区域一体化进程。此外，老挝国立大学亚洲研究中心主任布阿顿·盛堪考拉旺（Bouadam Sengkhamkhoutlavong）教授也认为，东盟更注重制定类似"澜湄合作"机制的区域共同规则，满足域内国家的发展需求，为带动整个区域的经济社会发展服务。

从共同发展的前景来看，盛堪考拉旺认为通过推行"澜湄合作"这一中国—东盟联动的多边合作机制，次区域内经济发展水平能够得到加强，更重要的是能够保障区域发展环境的可持续性、便利性、稳定性和安全性。

从用产能合作促进共同发展的具体角度来看，云南财经大学印度洋地区研究中心执行主任朱立教授认为"澜湄合作"机制对于推进产能合作的积极意义主要有以下几方面，一是深化澜湄国家的经贸合作层级；二是促进域内国家产业优势互补与协同发展；三是构建区域价值链，提升区域产业的整体竞争力；四是促进各国对优势产业的培育。澜湄国家的产能合作及共同发展相辅相成，其契合点主要在于，区域经济一体化的发展能够推动产业、资本和市场要素的全面融合；而产能合作的体量和质量的提升，又能够让区域合作更趋紧密，区域经济向一体化递进，各国经济发展的融合速度加快。

（三）区域安全稳定的必然要求

面对互信程度的不足，占达里、盛堪考拉旺和黎金沙等学者认为，虽然"澜湄合作"机制的六个成员国间政治互信相对缺失，但包容度广的"澜湄合作"机制有望推进区域内政治合作，加强各国间的战略信任。黄惠英同意此观点，并以此推导出中国倡导的"澜湄合作"机制将会加深区域内相互依赖的程度，有利于成员国达成共识、构建互信。盛堪考拉旺还提到，目前仅仅依靠国际公约已不能圆满解决区域内涉及主权纷争的南海问题，"澜湄合作"机制或许能够在增进区域互信的同时，为和平解决南海问题打下基础。

面对安全局势的复杂,盛堪考拉旺指出,东盟的和谐是东亚地区保持和平稳定的重要因素,因而该区域国家需力争保持和平稳定的安全环境,特别是要合作应对地区非传统安全问题。福建省社会科学院亚太经济杂志社研究员全毅指出,湄公河流域国家面临的非传统安全问题挑战,包括航道和道路交通安全、跨境犯罪、贩卖毒品、贩卖妇女、恐怖主义等,都需六国加强合作、共同应对。在此背景下,黎金沙认为,"澜湄合作"机制六个成员国之前安全合作的层次过低,尚不能应对当今非传统安全挑战频发的严峻形势,六国须依托"澜湄合作"机制的共同安全建构逻辑,将涉及范围从经济合作拓展到政治、安全和社会合作领域,形成更有效率的新安全观平台。

面对自然环境的脆弱,缅甸Tampadipa研究所所长钦梭温(Khin Zaw Win)表示,湄公河盆地的用水资源紧张,上下游国家间跨界依赖度高,洪水频发,气候易受温室效应、厄尔尼诺现象等影响,以"澜湄合作"机制为平台,更好地共享信息、践行《巴黎协定》,能够让湄公河流域国家作为一个整体采取切实有效的行动,集中治理气候问题和水资源问题,提升合作水平。通过不断巩固在应对气候变化层面合作所取得的成果,带动"澜湄合作"机制不断向深层次和高质量方向推进,形成溢出效应。

二 "澜湄合作"机制成员国的利益诉求

(一)柬埔寨:契合本国2015年至2025年工业发展战略

占达里认为,"澜湄合作"机制精准契合柬埔寨2015年至2025年工业发展战略(IDP 2015—2025),能有效提升柬埔寨国内基础设施互联互通、产能和跨境经济合作、水资源利用、农业发展、减贫、改善气候变化及其他环境问题等焦点问题的发展层次,有望推动柬埔寨经济社会进步。此外,"澜湄合作"机制还可以在公共健康方面为柬埔寨提供所急需的援助。

（二）老挝：对接陆锁国向陆联国的转型

云南大学缅甸研究院常务副院长孔建勋认为，中老铁路作为泛亚铁路网的组成部分，能帮助老挝连通泰国和马来西亚，实现与自身由陆锁国向陆联国转型的战略目标对接，建成的铁路网还将对整个湄公河区域产生深远影响。盛堪考拉旺同时指出，助推老挝经济发展的动力包括贸易、投资、知识和技术的流入，因此老挝亟待继续加强与区域内包括"澜湄合作"机制在内的各种合作机制的联系，将区域合作的成果最大化，并融入地区和全球经济的一体化进程。

（三）缅甸：地缘战略位置举足轻重

缅甸战略与国际问题研究所研究员拉派·召昆（Lahpai Zau Goone）从缅甸视角出发，指出缅甸在整个湄公河流域中虽然所占地域面积不大，但其是澜沧江（湄公河）从中国流出后经过的第一个国家，处于连接上下游咽喉段的战略地理位置，在"澜湄合作"机制的推进过程中，能够起到举足轻重的作用。"澜湄合作"机制的推进，也会为缅甸自身经济社会发展提供良好的契机。

（四）泰国：与中国间产业结构的强互补性

攀塔米指出了泰国期望依托"澜湄合作"机制达成四个自身利益诉求。第一，泰国作为澜沧江—湄公河下游国家，极度缺乏能源，在该领域的合作需求迫切。第二，泰国的工业发展水平相对较高，中国云南的制造业、建筑业也有很强的竞争力，两地产业结构具有很强的互补性，泰国通过"澜湄合作"机制与云南推进产业合作符合泰国的战略规划。第三，中国是泰国的主要贸易伙伴，但中泰双边贸易额小于中国与马来西亚、越南、新加坡的贸易额，为实现中泰间贸易额的跨越式提升，"澜湄合作"机制的作用不容忽视。

(五）越南：对接"两廊一圈"战略

黄惠英表示,"澜湄合作"机制与中越"两廊一圈"战略的对接,能够让早在 2004 年就已提出,却长期停留在"描绘蓝图"阶段的"两廊一圈"发展战略真正得到落实。越南在"澜湄合作"机制中有望发挥自身的地缘优势,并将该多边合作机制作为展示平台和开放机遇,让自身的国家形象更为国际化,提升融入国际社会的深度和广度。

(六）中国：服务国家宏观战略

在应对水资源争端方面,黎金沙指出,澜沧江—湄公河流域国家之间的水资源争端已成为中国睦邻友好外交政策的潜在阻碍。中国需要将被动"管控损害"的外交政策,转变为"主动推进囊括水资源合作的多边机制",以积极作为,平息这些不和谐的声音。外交学院亚洲研究所副所长郭延军博士认为,当前湄公河流域国家间的水资源合作等级较低,而中国有望通过"澜湄合作"机制改变这个现状,以适应国际河流管理的新趋势;满足建设"21 世纪海上丝绸之路"的新需求,缓解水资源问题国际化带来的外交压力。在转变区域机制内自身定位方面,攀塔米提出,中国在"澜湄合作"机制中,尝试将亚洲基础设施投资银行建构为资金融通平台,让自身的角色从国际合作机制参与者,转变为新的多边合作机制推动者甚至领导者。对此王稳表示,这符合当前域外国家博弈和域内秩序重构对中国提出的客观要求,参与"澜湄合作"机制能够助推中国在次区域合作中把握话语权和规则制定权,提升自身影响力。

(七）域外国家：美国新任政府政策的转变为"澜湄合作"机制铺平道路

对外经济贸易大学研究员何胜从美国大选的影响层面出发,分析新任总统特朗普上台将给"澜湄合作"机制带来的影响。由于特朗普是一位实用主义者,不太可能在湄公河流域合作中做出很大的投入,所推行的关于废除跨太平洋伙伴关系协定等一系列保护主义和紧缩主义政策也会造成域内国家贸易合作倾向对象选择的改变。此外,美国"口惠而实不至"的传统,加之在亚太地区投入所附带的政治条件,也将影响域内国家在选取合作方时的取舍考量,让"澜湄合作"机制预期向纵深拓展,争取成员国给予该机制更多的精力和重视。

三 "澜湄合作"机制的推进逻辑

(一) 中国宏观战略战术:"一带一路"早期收获与"中路突破、撬动两翼"并行

卢光盛从中国宏观战略视角出发,为推进"澜湄合作"机制提出了五点政策建议:一是将"澜湄合作"机制打造为周边外交和次区域合作的新亮点,服务"一带一路"建设大局;二是妥善推进"澜湄合作"机制与原有的多边合作机制间的协调和对接,统筹区域内多种合作机制协同发展;三是增强"澜湄合作"机制对成员国的吸引力,力求得到广泛的接受和认可;四是充分发挥地缘优势,以"澜湄合作"机制为基础,积极探索周边命运共同体的建设;五是灵活运用协调带动的基本原则,逐步推进次区域合作全面和深入发展。

黎金沙作为越南专家,对中国政府的"澜湄合作"机制整体推进路线作出了评价。他指出,中方对于"澜湄合作"机制强大的资金支持和相互带动分层推进两个策略满足了各方需求,符合发展规律。一方面,中国为合作机制提供更多的金融和技术援助,在亚投行和丝路基金的强势支持下启动基础设施合作项目,推进澜沧江—湄公河下游国家的经济和社会发展,能够提升合作机制的定位,成为"一带一路"倡议的"早期收获"项目,打造示范效应。另一方面,中国与越南的南海争端,以及缅甸近期的政治和经济转型,短期内或导致中国与越南、缅甸的关系倒退;而中国与老挝、泰国和柬埔寨一直有着较好的政治基础、共同的战略需求,因此,"中路突破、撬动两翼"是目前中国与湄公河流域国家开展合作的一个明智的起航策略,即前期聚焦于与老挝、泰国和柬埔寨的合作,以期用实际的利益,吸引和带动东路的越南、西路的缅甸参与进来。

（二）三大支柱的分层推进：政治安全、经济发展、社会人文的具体战略构成

1. 政治安全

全毅针对"澜湄合作"机制中政治安全合作的推进，提出以下建议：以构建区域安全合作机制为首要任务，注重打击跨国、跨境犯罪，维护航道安全与交通安全；构建政策沟通与司法协助的相关平台，维护边境地区稳定，保障正常的贸易活动及人员往来；同时统筹考虑边境开放与安全问题。

2. 经济发展

互联互通层面，全毅主张将基础设施互联互通作为推进"澜湄合作"机制的核心，把各成员国间道路、电网及电信等设施的互联互通作为着力点。黎金沙同样支持把加强基础设施和跨境铁路建设设定为推进"澜湄合作"机制的优先方向，他提出要以国境线、湄公河流域线、公路线和铁路线四线为基础，开展次区域内的互联互通合作。具体到航运通道建设，云南大学国际关系研究院博士生张励指出，应通过做好湄公河新航运通道的航道战略内容、经济内容、安全内容及环境内容的设计，最终完善"澜湄合作"机制下的新航运通道建设，即发挥不同行为体在湄公河新航运通道建设中的积极作用；妥善处理与原有航道自有开发内容的关系；把握好与湄公河委员会、域外国家、国际组织的地缘政治经济竞争合作关系；形成"以经促政"、"以经促情"的航道升级方式。

产能合作层面，全毅提出应考虑对方的需求，依照比较优势原则，根据当地市场需求和经济发展规划进行产能合作。朱立对此进行了补充，他认为中老、中泰铁路，中缅陆水联运等大项目的加速推进，能够减小区域经济合作交易成本，拓展市场空间，搭建高效产能合作的基础；而通过建立产能合作平台，落实国际经济合作区、国际产业园区、跨境经济合作区等项目，能够帮助中国的优势产业及拥有优质富余产能的产业"走出去"。

跨境经济合作层面，全毅认为通商制度与规则连通是关键，通过协商解决跨境通道的运输标准与通关程序问题，能够简化"澜湄合作"机制成员国间的通关步骤，提高通关效率。

水资源合作层面，郭延军提出中国在澜湄地区拓展水外交的四点政策建议：一是转变合作理念，以东盟国家的价值判断为标准，做到"己所不欲勿施于人"；二是加强与现有合作机制和利益相关方的沟通和协调，加深政府间关于水资源的合作伙伴关系；三是在"澜湄合作"机制框架内实行水资源合作的差异化政策，以双边合作催化多边进程；四是在实践中推进非传统安全领域合作的理论创新，设立水资源领域的预防性外交机制，切实保障水资源的使用安全。

减贫合作层面，全毅认为"澜湄合作"机制的各成员国应开展扶贫合作，并拟定共同提高减贫能力的计划，分享产业扶贫和精准扶贫的经验，让发展成果为澜沧江—湄公河流域各国民众所共享。

3. 社会人文

全毅提出了"澜湄合作"机制中拓展社会人文领域合作的战略路线，其核心是将旅游、医疗服务与教育规划作为优先方向。旅游是各成员国民间交流的重要方式，能带来不菲的经济收益，开发澜湄旅游资源及线路，简化签证手续，可以促进澜湄民间往来便利化，让旅游业成为区域优势产业。医疗服务紧贴民生，能让老百姓最直观地享受到实惠，为加强健康医疗层面的合作，中国应发挥自身医疗技术优势，多实施以"光明行计划"为代表的各类援助项目。《世界知识》杂志社社长罗洁补充，可通过设立政府奖学金，互派留学生，实施研修和考察计划等，进一步开发区域人才培养和教育交流项目。

攀塔米认为，当前中国在湄公河流域的文化影响力比不上西方国家，湄公河流域国家的民众普遍更接受西方的价值观和产品品牌。而黎金沙提及的一些不利于中国的"传言"，也影响了中国在湄公河流域国家的形象。为了改善这个局面，罗洁指出，要力争让中华民族的文化元素跟随大量的基础设施投资资金一起"走出去"，这也是中国在推进"澜湄合作"机制社会人文领域合作时，必须达成的使命。

四 "澜湄合作"机制推进过程中的困难

（一）"澜湄合作"机制与区域原有多边合作机制间需要协调

老挝外交学院副院长拉塔娜·沙文索克（Lattana Thavonsouk）对湄公

河现有的多边合作机制进行了汇总（见表1）。

表1　　　　　　　　　湄公河现有多边合作机制

多边合作机制	构建时间	成员
湄公河委员会	1957年成立湄公河下游调查协调委员会，1995年变为湄公河委员会	柬埔寨、老挝、泰国、越南；中国和缅甸为对话伙伴国
大湄公河次区域经济合作机制	1992年由亚洲开发银行倡导	柬埔寨、老挝、缅甸、泰国、越南、中国
东盟主导的与中国合作倡议	1996至今（1996年中国首次参与东盟会议）	东盟十国、中国
澜沧江—湄公河商业航运协议	2000年	老挝、缅甸、泰国、中国
伊洛瓦底江—湄南河—湄公河经济合作战略	2003年	柬埔寨、老挝、缅甸、泰国、越南
湄公河—日本合作框架	2007年	柬埔寨、老挝、缅甸、泰国、越南、日本
湄公河—美国（湄公河下游倡议）	2009年	柬埔寨、老挝、缅甸、泰国、越南、美国
湄公河—韩国全面合作伙伴	2011年	柬埔寨、老挝、缅甸、泰国、越南、韩国

资料来源：拉塔娜·沙文索克：《澜湄合作的优先领域与挑战》，澜沧江—湄公河次区域论坛，南宁，2016。

卢光盛、全毅及占达里都认为，"澜湄合作"机制与现有的合作机制在定位上互有重叠，在合作领域上互有交叉，存在一定的竞争。如张励提到的湄公河航道建设，就有湄公河委员会、域外国家和组织、"澜湄合作"机制三方分别参与推动。黄惠英对此补充，当前多种合作机制长期并存、缺乏总体规划和协调的现状，亟须新加入的"澜湄合作"机制站在全局观的高度带来一些改变，统筹原有机制，避免多种机制间出现功能混乱。

（二）参与国对"澜湄合作"机制的接受及认可度有待提升

占达里指出，推进"澜湄合作"机制的首要任务，是平息各成员国对政治、经济、安全、环境等领域多元化的疑虑。

政治方面，攀塔米认为，在"澜湄合作"机制的六个成员国间，社会制度、宗教信仰、文化传统、语言和民族构成都存在着结构性矛盾，由于互信的缺失，澜沧江—湄公河下游国家在潜意识中对实力强大的中国所抱持的"戒备"心理常常难以消除。

经济方面，攀塔米提到，由于欧美媒体对中国的报道常常存在误导和偏差，以及出于对廉价的中国产品冲击当地市场的担忧，"中国威胁论"在湄公河流域国家有一定的市场，一些民众甚至会抱有一定程度的"反中国投资贸易"情绪。

安全方面，黄惠英表示，"澜湄合作"机制是中国这一地区大国牵头的区域合作机制，其他小国对是否会出现由中国把握游戏规则的状况，或多或少都存在疑问。加之湄公河流域国家对中国的贸易逆差居高不下，推行"澜湄合作"机制让其他五个成员国对自身未来将会对中国更为依赖的前景充满担忧。此外，由于中国处于澜沧江—湄公河上游，其修筑的大坝是否会影响下游的水资源安全，也是下游国家的顾虑之一。

环境方面，攀塔米指出，在中国推行"走出去"战略时，把重点过多地放在资源开采上，某些时候甚至出现了劣质工程、低质产品。由于企业履行社会责任不到位，一些中方企业的生产建设在当地导致环境破坏等后果，这让其他成员国在后续引进中国的投资或项目时，更注重对生态环境因素的考量。

（三）参与国自身发展水平及合作水平的落后

一方面，澜沧江—湄公河下游国家的发展水平相对较低，对于"澜湄合作"机制的推进是一大挑战。正如沙文索克所论述的，基础设施尚未完善、工业结构亟须调整、经济和社会未能实现可持续发展，都是制约"澜湄合作"机制成员国达成互联互通的重要因素，相对落后的发展水平同时也阻碍了区域贸易和投资合作的拓展。朱立也认为澜湄流域各国经济发展差异大；产业结构单一，以农业为主；基础设施建设严重不足；工业化、城镇化水平低；减贫压力大，劳动力素质和技能都需要提高，这些因素对合作机制的推进造成了阻碍。

另一方面，中国与澜沧江—湄公河下游国家间的合作等级不高、合作全局观不强，也是"澜湄合作"机制进展中遇到的困难。文淑惠从更微观的层面出发，以驻泰国中资企业投资现状为例，总结出中国扩大对泰国投资、提升合作水平的几大障碍：一是驻泰国中资企业缺乏核心技术和行业龙头，相比日本、中国台湾的企业，没有竞争优势；二是中国企业投资泰国的起步较晚，所投资的企业多为初级加工企业，未进入价值链核心层；三是驻泰国中资企业多为劳动密集型行业，劳动力素质不高、效率低下，导致投资企业绩效不佳；四是驻泰中资企业的中国文化和泰国员工的本土观念之间存在较大差异，泰国员工对中国企业的文化认同度低、归属感缺失。

孔建勋选取建设中老铁路的例子，具体分析了老挝在推进该基础设施联通项目中所遇到的实际挑战：内因来说，作为"陆锁国"，老挝国力的不足在一定程度上对中老铁路的建设形成了障碍，其建设过程中的资金缺口、回报周期都是老挝需要进行的现实性考量，这切合上文分析的国家自身发展水平较低给推进合作带来不利影响。外因来说，如何将中老铁路与中国和泰国的铁路网相连、如何确保老挝作为途经国的利益和安全、如何在修筑过程中保护当地环境不遭到破坏，都需老挝结合自身战略和利益，进行充分的论证。这与上文提到的合作水平待提高、合作格局待拓展的问题不谋而合，都需要参与国以战略思维谋划全局、搭建更高层级的多边合作机制。

（四）全球背景下的多样化冲突

从"澜湄合作"机制内部因素来看，沙文索克认为在"澜湄合作"机制中对水资源的重新分配问题，或许会导致上下游国家之间的冲突。黄惠英则担忧，中国向流域各国提出的合作条件、抱持的友好偏向度有所差别，一味对老挝和柬埔寨倾斜政策、加大支持，或将造成区域内国家间的分裂。召昆论述了推进"澜湄合作"机制在缅甸面对的挑战，如跨境犯罪、边境武装冲突、军事紧张等，形成缅甸某些

- 163 -

地区边缘化的不安定因素，同样会制约"澜湄合作"机制的高质及高效运作。

从"澜湄合作"机制外部环境来看，一方面的挑战是王稳所提到的，域外国家在不同领域加强与湄公河流域国家合作，次区域的合作机制成为国际势力博弈的载体，增加了在该区域进行合作开发的复杂性和竞争性。另一方面的挑战是黄惠英指出的，湄公河地区是各大国亚太战略的重要支点，因此湄公河流域的小国基本秉持"平衡外交"思路，谨慎保持与各大国相对等距离的关系，次区域内多方势力纵横交错的格局让成员国在推进"澜湄合作"机制的同时，还需顾及本身的对外路线。还有一方面的挑战由沙文索克提及，全球及区域经济趋于下行，恐怖主义、自然灾害、流行病等非传统安全问题频发，这些都有可能威胁"澜湄合作"机制的顺利推进。此外，生态环境问题也是合作机制面临的一大挑战，攀塔米认为，湄公河流域局部污染严重，存在严重的生态环境问题。占达里补充，除了湄公河流域的环境退化，上游水坝对下游水量的影响也对推进"澜湄合作"机制构成阻碍。

五 "澜湄合作"机制推进所遇困难的解决途径

（一）化多边合作机制的功能重叠为互补共赢

关于"澜湄合作"机制在将来如何处理与区域内影响力最大的两个多边合作机制，大湄公河次区域经济合作机制以及湄公河委员会之间的关系，与会专家提出了以下看法：

卢光盛表示，"澜湄合作"机制并不是要取代现有的相对成熟的众多合作机制，而是要在原有机制的基础上进行升级和对接，充分发挥自身的优势和特点，不断加强与众多合作机制的沟通、协调，使彼此相互补充、相互促进，推动建立和健全次区域内各种合作机制之间的联动和协调体系，使次区域内的合作更加有效、更具活力。占达里也认为"澜湄合作"机制需要与其他已存在的多边合作机制配合发展，为在区域内构建互信、打造符合多边利益和共同期待的平台作出贡献。

六水合一，"澜湄合作"机制因水而生，水资源合作也是机制开启共商、共建、共享合作发展大计的前奏曲。黄惠英对大湄公河次区域经济合作机制的不足之处进行分析，认为其将大部分精力集中在陆上基础设施建设项目，忽视了湄公河本身的治理。反之，"澜湄合作"机制的水资源合作中心在分享资料和信息，启动联合研究项目，提高旱灾、水灾的应对和控制能力等方面都将有很大助力。"澜湄合作"机制可以弥补大湄公河次区域经济合作机制在水资源合作方面的缺失，聚焦河流治理问题，让多边合作机制间的合力更为务实。

王稳则介绍了澜沧江—湄公河下游国家的政府间组织——湄公河委员会，作为湄公河上唯一的河流流域开发和管理机构，其制定了成体系的流域范围内发展战略；在流域的气候变化、渔业、航行、水利、环境等领域具备完善的合作政策；拥有完整的流域管理程序框架；在监测、评估和指导层面具有丰富健全的经验积累；长期和中国进行密切友好的合作。泰国专家、湄公河委员会行政部万象秘书处主任那如蓬·素库马赛文（Naruepon Sukumasavin）高度评价"澜湄合作"发展框架中对水资源中心的规划，并对促成湄公河委员会与"澜湄合作"机制就水资源进行信息和数据共享充满信心，通过互通有无、互补共进，湄公河委员会和"澜湄合作"机制将更深更广地为次区域人民的福祉服务。柬埔寨学者萨菲·米斯（Sopheak Meas）补充道，湄公河委员会和"澜湄合作"机制除了在水资源规划管理方面可以合作无间，在气候变化联合研究、科研人员往来交流等领域也具备巨大的合作潜力，两种多边机制虽然存在竞争关系，但相互的交汇和同步带来的更多是机遇，双方的紧密对接必将能为湄公河流域国家谋得实实在在的利益。

（二）相向而行 消除疑虑 共谋发展

对于整个次区域来说，依照占达里的建议，在面对涉及各国共同关心的公共问题时，成员国都应秉承所有利益相关方平等互利的原则加以解决，以期达成国家主体在地区内获利的大体均衡。盛堪考拉旺建议督促媒体在推进"澜湄合作"机制进程中扮演积极主动的角色，不仅要准确传递关于合作机制的信息，还应帮助各国人民相互理解。此外，各成员国领导人应通过保持高层定期互访和对话，缔造和平稳定的域内大环境。对于中国来说，卢光盛建议增强"澜湄合作"机制的吸引力，通过良性竞争与合作使湄公河流域国家从中得到实惠，以此兼顾各方感受，消除顾虑；同时关注下游国家的利益诉求和优先次序，真正获得其支持和信任。占达里建议在推进"澜湄合作"机制的建设过程中，中国要提升"软实力"，注重自身影响力在次区域的传播。

（三）量化风险评级 构建安全全景

为了充分发挥风险管理和风险规避的专业能力，服务于国家及企业的投资决策，中国出口信用保险公司具体量化了澜沧江—湄公河下游五个国家的风险指数，分别依照政治、商业环境、经济和法律四个维度，逐条针对国别进行了列举分析（见表2）。

表2　　　　　澜沧江—湄公河下游国家中高级别风险展望

国别	风险维度	风险事件	风险展望
柬埔寨	政治	政局动荡	中
		公共安全	中
	商业环境	税收变更	中
	法律	法律变更	中
		司法腐败	中
老挝	政治	公共安全	中
	商业环境	汇兑限制	中
	经济	通货膨胀	中
		国际收支	中
	法律	司法腐败	中
缅甸	政治	战争内乱	高
		公共安全	中
	商业环境	汇兑限制	中
	经济	国际收支	中
	法律	法律变更	中
		司法腐败	中

续表

国别	风险维度	风险事件	风险展望
泰国	政治	公共安全	中
	经济	经济增长	中
		通货膨胀	中
		就业	中
		财政收支	中
		汇率	中
	法律	司法腐败	中
越南	政治	政局动荡	中
		公共安全	中
	商业环境	税收变更	中
	法律	法律变更	中
		司法腐败	中

资料来源：王稳：《澜湄合作区域风险——评估与建议》，澜沧江—湄公河次区域论坛，南宁，2016。

持续大力开发完善国家指导下的权威风险管理和规避体系，能够加强企业的风险意识、提升风险防范水平，服务"澜湄合作"机制中"走出去"的中国企业，让驶入"快车道"的"澜湄合作"运行得更加稳当和长远。

（四）实现与机制外的资源和力量进行协同合作

卢光盛指出，中国应充分发挥地缘优势，以"澜湄合作"机制为基础，积极探索周边命运共同体的建设。除了对"一带一路"倡议、丝路基金、亚洲基础设施投资等平台加以充分利用，还可以依托域外的资源和力量，多点、多线、多面推进"澜湄合作"机制，为次区域的发展提供有力支持。盛堪考拉旺更具体地谈到了东盟在架设"澜湄合作"机制中的积极作用，他认为东盟各国都应在互信的基础上，与中国构建新的安全范式，加强危机管控能力。通过密切高层互访、拓展经济能源合作、共同应对非传统安全挑战，包括澜沧江—湄公河下游国家在内的东盟所有成员国都将在相互尊重的基础上寻求共同利益，在保持区域多元化和权利多样性的同时，满足域内各国不同的利益需求。

小 结

经过短暂而充实的一天半时间，"澜沧江—湄公河次区域论坛·2016"国际学术研讨会在友好的氛围中落下帷幕，而这并不是国内外专家学者学术交流的终点。以此次论坛构建的良好沟通关系和开放沟通平台为基础，日后开启更深层次、更广领域的澜湄交流合作将成为一种必然，这是本次论坛的题中之意，也是广西大学中国—东盟研究院对"澜湄合作"机制开启次区域合作新篇章的期待与守望。

一江连六邦，从国际形势来看，全球化和区域一体化势不可挡；从各国发展需求来看，"澜湄合作"机制契合各成员国互利共赢的发展方向。在谋求次区域国家全体人民共同利益、培育"平等相待、真诚互助、亲如一家"的"澜湄文化"大目标下，国内外专家学者勇于担当政府的政策建议者、企业的疑难解决者、民间的积极宣传者，群策群力，为成功构筑"澜湄合作"走廊、建设澜湄国家命运共同体、打响亚洲命运共同体架构的一块"金字招牌"作出应尽贡献。

Forging ahead with Deeply Rooted Strategy and Multinational Mobilization——An Overview of Lancang-Mekong Sub-Regional Forum·2016

Lan Yao

Abstract Being geographically adjacent and culturally close, China and the five lower Mekong countries have a deep foundation, broad space and great potential for multilateral cooperation. With the advancement of Asia regional integration and that the national power and development potential of the Mekong countries have become increasingly prominent, the six countries build together on common needs the tailor-made Lancang-Mekong Cooperation (LMC) as a platform for wide consultation, joint construction and sharing benefits, which suits the current stream and conforms to the will of the people, and is the inevitable requirement for constructing a mutually beneficial and win-win Lancang-Mekong Community of Shared Future. The Lancang-Mekong Sub-Regional Forum · 2016, sponsored by the China-ASEAN Collaborative Innovation Center for Regional Development and organized by the China-ASEAN Research Institute of Guangxi University, gave an in-depth study of the significance, logic, difficulties and solutions to promote LMC. Through the discussion and communication among the researchers from the six countries, the Forum helped open a new chapter for the construction of the cooperation mechanism.

Key Words Lancang-Mekong Cooperation; Advanced Integration; Accord with National Strategy; Complementary Win-win Mechanism

Author Lan Yao, Research Assistant, Department for Vietnam Studies, China-ASEAN Research Institute of Guangxi University.

附 录

Appendix

澜沧江—湄公河合作重要文件与领导讲话

澜沧江—湄公河合作首次外长会联合新闻公报[①]
2015 年 11 月 12 日 景洪（中国）

一、2015 年 11 月 12 日，澜沧江—湄公河合作（以下简称澜湄合作）首次外长会在中国云南省景洪市举行。中国外交部长王毅、泰国外交部长敦·巴穆威奈、柬埔寨副首相兼外交国际合作大臣贺南洪、老挝副总理兼外交部长通伦·西苏里、缅甸外交部长吴温纳貌伦、越南副总理兼外交部长范平明出席会议。各国外长就推进澜湄合作深入交换意见并达成广泛共识。

二、外长们一致认为，澜湄六国山水相连，人文相通，自然和人力资源丰富，发展潜力巨大，合作前景广阔。六国加强合作，有利于促进各成员国经济社会发展和可持续增长，缩小湄公河次区域国家间发展差距，推进东盟共同体建设和一体化进程，造福地区民众。

三、外长们满意地注意到，为落实第 17 次中国—东盟领导人会议提出的澜湄合作倡议，各方分别于 2015 年 4 月和 8 月举行了第一次和第二次高官会，为建立澜湄合作机制进行了富有成果的讨论。

四、外长们一致承诺，将本着协商一致、平等互利、统筹协调、尊重

[①] 《澜沧江—湄公河合作首次外长会联合新闻公报》，中华人民共和国外交部，2015 年 11 月 12 日，http://www.fmprc.gov.cn/web/ziliao_674904/1179_674909/t1314308.shtml，登录时间：2017 年 3 月 1 日。

《联合国宪章》和国际法原则，致力于深化次区域国家间互信和睦邻友好，推动经济和可持续发展，促进社会人文交往，包括扩大贸易投资，改善互联互通，促进水资源合作，将澜湄合作机制建设成为各方共商、共建、共享的次区域合作平台。

五、外长们一致同意，澜湄合作将秉持开放包容精神，与大湄公河次区域经济合作（GMS）、东盟—湄公河流域开发合作（AMBDC）和湄公河委员会（MRC）等现有次区域合作机制相互补充，协调发展，共同推进区域一体化进程。

六、外长们对澜湄合作概念文件表示欢迎，决定在政治安全、经济和可持续发展、社会人文三大重点领域开展务实合作，共同打造更为紧密、互利合作的澜湄共同体。

七、外长们建议未来建立多层次的澜湄合作架构，提议于2016年各方方便时举行澜湄合作首次领导人会议。

八、外长们讨论了中国和湄公河国家提出的澜湄合作早期收获项目，涉及水资源管理、扶贫、公共卫生、人员交流、基础设施、科技等领域合作。各方期待有关项目尽早实施，给地区人民带来实惠。

九、外长们一致同意，澜湄合作项目及其资金来源将由相关国家政府通过协商确定，同时不排斥其他金融机制和国际机构提供资助。

十、外长们对澜湄合作机制启动表示满意。湄公河国家外长们衷心感谢中方对湄公河国家代表团的盛情款待和为此次会议所做的周到安排。

澜沧江—湄公河合作首次领导人会议三亚宣言——打造面向和平与繁荣的澜湄国家命运共同体[①]

2016年03月23日　三亚（中国）

我们，柬埔寨王国、中华人民共和国、老挝人民民主共和国、缅甸联邦共和国、泰王国、越南社会主义共和国的国家元首或政府首脑，于2016年3月23日在中国海南省三亚市举行澜沧江—湄公河合作（简称澜湄合作）首次领导人会议。

---

① 《澜沧江—湄公河合作首次领导人会议三亚宣言》，中华人民共和国外交部，2016年3月23日，http://www.fmprc.gov.cn/web/ziliao_674904/1179_674909/t1350037.shtml，登录时间：2017年3月1日。

我们一致认为，六国山水相连，人文相通，传统睦邻友好深厚，安全与发展利益紧密攸关。

我们高兴地注意到，六国已在双边层面建立全面战略合作伙伴关系，政治互信不断加深，各领域合作健康发展，同时在地区和国际机制中加强多边协调以促进地区乃至世界和平、稳定与发展。

我们认识到，六国同属澜沧江—湄公河流域，面临发展经济、改善民生的共同任务，同时，各国也面临全球及地区经济下行压力加大，以及恐怖主义、自然灾害、气候变化、环境问题、传染病等非传统安全威胁带来的共同挑战。

我们忆及，中华人民共和国国务院总理李克强在第17次中国—东盟领导人会议上呼应泰国提出的澜沧江—湄公河次区域可持续发展倡议，提议建立澜沧江—湄公河合作机制。

我们确认六国关于澜沧江—湄公河合作的共同愿景，即其有利于促进澜湄沿岸各国经济社会发展，增进各国人民福祉，缩小本区域国家发展差距，支持东盟共同体建设，并推动落实联合国2030年可持续发展议程，促进南南合作。

我们欢迎澜湄合作首次外长会于2015年11月12日在中国云南景洪成功举行，会议发表了《关于澜湄合作框架的概念文件》和《联合新闻公报》。

我们重申对澜沧江—湄公河次区域和平、稳定、可持续发展和繁荣的承诺，决心加强相互信任与理解，合力应对地区面临的经济、社会和环境挑战，以释放本地区巨大的发展潜力。

我们强调澜湄合作应秉持开放包容精神，与东盟共同体建设优先领域和中国—东盟合作全面对接，与现有次区域机制相互补充、协调发展。

我们进一步强调澜湄合作将建立在协商一致、平等相待、相互协商和协调、自愿参与、共建、共享的基础上，尊重《联合国宪章》和国际法。

我们一致认为澜湄合作将在"领导人引领、全方位覆盖、各部门参与"的架构下，按照政府引导、多方参与、项目为本的模式运作，旨在建设面向和平与繁荣的澜湄国家命运共同体，树立为以合作共赢为特征的新型国际关系典范。

同意澜湄务实合作包括三大合作支柱，即（1）政治安全，（2）经济和可持续发展，（3）社会人文。

认可作为澜湄合作首次外长会成果的澜湄合作初期五个优先领域,即互联互通、产能、跨境经济、水资源和农业减贫合作。

一致同意采取以下措施:

1. 推动高层往来和对话合作,增进次区域互信理解,以加强可持续安全。

2. 鼓励各国议会、政府官员、防务和执法人员、政党和民间团体加强交流合作,增进互信与了解。支持举办澜湄合作政策对话和官员交流互访等活动。

3. 根据各成员规定和程序,通过信息交换、能力建设和联合行动协调等加强执法安全合作,支持建立执法合作机构,推进有关合作。

4. 加强应对恐怖主义、跨国犯罪、自然灾害等非传统安全威胁的合作,共同应对气候变化,开展人道主义援助,确保粮食、水和能源安全。

5. 推动中国—东盟战略伙伴关系发展,加强在东盟与中日韩、东亚峰会、东盟地区论坛等区域合作机制中的合作。

6. 鼓励中国的"一带一路"倡议与澜湄合作活动和项目及包括《东盟互联互通总体规划》在内的湄公河国家相关发展规划之间的对接。

7. 加强澜湄国家软硬件联通,改善澜湄流域线、公路线和铁路线网络,推进重点基础设施项目,在澜湄地区打造公路、铁路、水路、港口、航空互联互通综合网络。加快电力网络、电信和互联网建设。落实贸易便利化措施,提升贸易投资,促进商务旅行便利化。

8. 如本次会议通过的《澜沧江—湄公河国家产能合作联合声明》所述,拓展工程、建材、支撑产业、机械设备、电力、可再生能源等领域产能合作,构建次区域综合产业链,共同应对成员国面临的经济挑战。

9. 支持加强经济技术合作,建设边境地区经济合作区、产业区和科技园区。

10. 通过各种活动加强澜湄国家水资源可持续管理及利用方面合作,如在中国建立澜湄流域水资源合作中心,作为澜湄国家加强技术交流、能力建设、旱涝灾害管理、信息交流、联合研究等综合合作的平台。

11. 开展农业技术交流与农业能力建设合作,在湄公河国家合作建立更多的农业技术促进中心,建设优质高产农作物推广站(基地),加强渔业、畜牧业和粮食安全合作,提高农业发展水平。

12. 落实"东亚减贫合作倡议",在湄公河国家建立减贫合作示范点,交流减贫经验，实施相关项目。

13、强调稳定的金融市场和健全的金融架构对实体经济发展的重要性，支持各国努力加强金融监管能力建设和协调。继续研究并分享经验，以推进双边本币互换和本币结算，深化金融机构合作。

14、作为亚洲基础设施投资银行成员国，支持亚投行高效运营，为弥补基础设施建设领域的融资缺口，向亚投行寻求支持。

15. 鼓励可持续与绿色发展，加强环保和自然资源管理，可持续和有效地开发和利用清洁能源，建设区域电力市场，加强清洁能源技术交流与转让。

16. 共同推动《区域全面经济伙伴关系协定》谈判，期待谈判于2016年如期完成，促进东亚贸易和投资便利化。

17. 加强成员国之间文化交流，支持文化机构和艺术家间的交流合作，探讨建立澜湄人文交流平台的可能性。推动政府建立的文化中心充分发挥作用，开展形式多样的文化交流。

18. 提升科技合作和经验分享，深化人力资源开发、教育政策、职业培训合作和教育主管部门及大学间交流。

19. 加强公共卫生合作，特别是在传染病疫情监测、联防联控、技术设备、人员培训等领域加强合作，推动建立澜湄热带病监测预警平台，推动传统医药合作。

20. 增进旅游交流与合作，改善旅游环境，提升区域旅游便利化水平，建立澜湄旅游城市合作联盟。

21. 鼓励媒体、智库、妇女、青年等交流，打造六国智库联盟和媒体论坛，继续举办澜沧江—湄公河青年友好交流项目。

22. 每两年举行一次澜湄合作领导人会议，并根据需要举行领导人特别会议或非正式会议，旨在为澜湄合作长远发展进行战略规划。外长会每年举行一次，负责合作政策规划和协调。根据需要举行外交高官会和工作组会，商讨具体领域合作。未来视合作需要不断完善澜湄合作机制建设。

23. 欢迎中方设立澜湄合作专项基金、优惠性质贷款和专项贷款，用于推进澜湄合作。欢迎中方承诺未来3年向湄公河国家提供1.8万人年奖学金和5000个来华培训名额，用于支持澜湄国家间加强合作。

24. 认可"早期收获"项目联合清单，期待有关项目尽早实施，惠及所有成员国。各国领域部门应组建联合工作组，规划落实具体项目。

25. 加强各领域人才培训合作，提升澜湄国家能力建设，为澜湄合作的长远发展提供智力支撑。

26. 鼓励六国政府部门、地方省区、商业协会、民间组织等加强交流，商讨和开展相关合作。

澜沧江—湄公河国家产能合作联合声明[①]

2016 年 03 月 23 日　三亚（中国）

一、我们，澜沧江—湄公河国家的国家元首/政府首脑忆及澜沧江—湄公河国家经济交往取得了迅速、长足发展，各方已成为重要经济合作伙伴，同意进一步促进澜沧江—湄公河国家间合作。

二、我们认识到，澜沧江—湄公河国家在基础设施建设、产业结构升级和经济社会可持续发展方面都面临挑战。同时，当前各国工业化、城镇化进程不断加速，产业结构调整不断深化，基础设施互联互通不断推进，为开展国际产能合作提供了重要机遇。

三、我们一致认为，产能合作旨在通过充分利用澜沧江—湄公河国家竞争优势、制造能力和市场规模，采用直接投资、工程承包、技术合作和装备进出口等多种合作方式促进地区贸易投资合作和所有合作伙伴的产业发展能力。

四、我们同意，产能合作是促进澜湄合作的重要方式，有助于优化地区产能分布，提升各国在全球价值链中的地位，提高各国可持续发展能力。

五、我们强调，产能合作应遵循互利、平等、共赢的原则，遵守各国国内法律以及澜沧江－湄公河国家均为缔约方的国际条约和协定。

六、我们强调，产能合作应通过保护环境和自然资源促进可持续发展。

七、我们同意，产能合作应以共同促进相关国家经济发展和产业转型升级为重点。上述合作应增加企业员工和采购的本地化程度，加强本地员工培训，促进当地就业，创造良好的经济和社会效益，为生产环节中中小

---

① 《澜沧江—湄公河国家产能合作联合声明》，中华人民共和国外交部，2016 年 3 月 23 日，http://www.fmprc.gov.cn/web/ziliao_674904/1179_674909/t1350038.shtml，登录时间：2017 年 3 月 1 日。

企业的发展提供必要支持。

八、我们认为，各成员国应在制订宏观经济政策和产业发展战略方面加强经验和专业知识交流，在建设人力资源、促进创新以及先进技术转让方面开展合作，实现竞争优势互补和发展需要对接，将合作潜力转化为持续的合作成果。

九、我们鼓励成员国企业和金融机构根据市场需求，按照商业原则和国际惯例以双赢为目的推进产能合作项目。同时，政府层面需要维护稳定和可持续的宏观经济环境，营造良好的营商环境，促进经济要素自由有序流动、资源高效配置、市场深度融合，加强政策沟通协调，为开展产能合作创造有利条件。

十、我们同意，依据相关国家法律框架和发展实际，依托交通互联互通和产业集聚区平台，优先推进电力、电网、汽车、冶金、建材、配套工业、轻工纺织、医疗设备、信息通信、轨道交通、水路交通、航空运输、装备制造、可再生能源、农业以及农产品和水产加工等领域的产能合作。各国将共同努力，推动符合各国发展需要的重大项目合作取得进展，不断拓展合作领域，提高合作水平。

十一、我们同意，充分利用现有双边和多边金融资源，包括亚洲基础设施投资银行，用于支持澜沧江－湄公河国家产能合作，并继续探讨其他可用的金融资源。

十二、我们坚信，开展产能合作将进一步巩固澜沧江—湄公河国家业已紧密的经济纽带。各成员国应通过开展产能合作共享机遇、共迎挑战，实现可持续发展和共同繁荣，让产能合作成果惠及各国民众。

李克强在澜沧江—湄公河合作首次领导人会议上的讲话[①]

2016 年 03 月 23 日　三亚（中国）

尊敬的各位同事：

很高兴在海南三亚同大家见面，欢迎各位出席澜沧江—湄公河合作首次领导人会议。三亚得名于此地的三川汇流。我了解到，在有的湄公河国

[①]《李克强在澜沧江—湄公河合作首次领导人会议上的讲话》，中华人民共和国外交部，2016 年 3 月 23 日，http：//www.fmprc.gov.cn/web/ziliao_674904/zyjh_674906/t1350120.shtml，登录时间：2017 年 3 月 1 日。

家语言中,"三亚"也意味着"协定"、"一致",这表明我们愿意携手合作,赢得区域光明的未来。

中国同湄公河五国山水相连,传统友谊世代相传,是天然的合作伙伴和紧密的友好邻邦。中国同湄公河五国都建立了全面战略合作伙伴关系,利益紧密交融,合作基础扎实。2015 年,中国同五国贸易总额达 1939 亿美元,双边人员往来超过 1500 万人次。中国是柬埔寨、缅甸、泰国和越南的第一大贸易伙伴,是柬埔寨、老挝和缅甸的第一大投资国。创建澜湄合作机制可以说是水到渠成,有利于发挥六国地缘相近、人文相亲、经济互补性强的优势,激发各国的内在发展潜力,也将为亚洲发展和民生改善注入新的活力。

澜湄合作因水结缘,水善利万物而不争。湄公河五国是东盟的重要成员,中国坚定支持东盟一体化进程和共同体建设。澜湄合作机制是对中国—东盟合作框架的有益补充,有利于促进成员国经济社会发展,缩小发展差距,构建中国—东盟全方位合作升级版。澜湄合作也是南南合作的新实践,以实际行动展现我们携手落实联合国 2030 年可持续发展议程的坚定决心。

东南亚有句谚语,"微风聚在一起,就有台风的力量"。当前,全球经济复苏进程缓慢,亚洲国家经济下行压力增大,发展经济和改善民生的任务更加紧迫。

这次会议的主题是"同饮一江水,命运紧相连"。我们要共同维护地区和平、稳定与安宁,手挽手,攥成拳,齐心协力谋求合作,集中精力推动发展。只有这样,才能维护本地区来之不易的发展势头,携手打造团结互助、平等协商、互利互惠、合作共赢的澜湄国家命运共同体,让澜湄流域各国人民的福祉能够一年更比一年多,各国发展前景一年更比一年好,保持澜湄地区的祥和与安宁。

加强澜湄合作,让澜湄各国好上加好、亲上加亲,是地区国家和各国人民的共同心愿。2012 年,泰方提出加强澜湄次区域合作的设想,中方给予积极回应。2014 年 11 月第 17 次中国—东盟领导人会议上,我提出建立澜沧江—湄公河对话合作机制的倡议。一年多来,我们创建了机制框架,通过了合作概念文件,确定了政治安全、经济和可持续发展、社会人文三大支柱,以及互联互通、产能、跨境经济、水资源、农业和减贫五个优先合作方向,研究提出近百个早期收获项目,为全面长期合作奠定了坚实基础。

亚洲的发展离不开和平稳定的地区环境,澜湄次区域国家也是受益者,这是我们谋发展、促合作的前提。中国与湄公河五国唇齿相依,有着互尊互信、和睦相处、守望相助的良好传统,这也是我们开展合作的优势。好邻居是福,但再好的邻居也难免有磕碰的时候,我们要用好成熟的沟通机制,以诚相待、互谅互让,有事商量着办,就能够不断增加澜湄国家间的政治互信,共同维护澜湄次区域和平稳定的好局面。

澜湄合作有着悠久传统,但合作机制是新生事物,要保持其旺盛的生命力,我认为应坚持以下四个导向:

一是共促和平稳定。和平是发展的基础、稳定是增长的支撑。没有和平稳定的地区环境,澜湄国家的发展繁荣就成了无源之水、无本之木。无论国际、地区形势如何变幻,澜湄流域国家都是分不开的利益和命运共同体。我们应该为各国乃至本地区的发展和安全利益多做加法和乘法,培育持久和平、稳定发展的深厚土壤。

二是坚持发展为先。六国都是发展中国家,发展是我们共同的任务。特别是面对当前世界经济复苏低迷,坚持发展尤为重要。我们要把发展作为贯穿澜湄合作始终的优先方向,把经济互补性转化为发展互助力。要坚持平等协商、优势互补、务实前瞻、开放包容的原则,秉持共商、共建、共享精神参与合作,实现共同发展。

三是依托项目推进。澜湄合作要以项目说话,给民众带来看得见、摸得着的好处。现阶段可根据各国国情,在互联互通、产能、跨境经济、水资源、农业和减贫五个优先方向探索合作,同时重点落实好"早期收获项目联合清单"确定的项目,一步一个脚印地推进合作。建议此次会后尽快结合优先合作方向建立联合工作组,负责规划和督促实施合作项目。

四是促进开放包容。澜湄合作虽然是我们六国发起的,但并不封闭排他,而是开放包容的。澜湄合作的三大支柱,与东盟共同体建设三大支柱高度契合,将为东盟一体化进程提供有益的助力,我们欢迎其他东盟国家积极参与和提供支持。澜湄合作也完全可以与大湄公河次区域经济合作(GMS)等既有机制相互补充、并行不悖。我们也欢迎域内外其他国家支持澜湄合作进程,努力为促进本地区发展繁荣作出各自贡献。

各位同事,

当前,世界经济整体复苏乏力,不稳定不确定性在增加,亚洲经济下行压力加大。中国和湄公河国家经济发展虽然也遇到一些新挑战,但仍展现出强劲的发展态势。我们六国有着先天的合作优势、牢固的合作基础、强烈的合作愿望、巨大的合作潜力,通过澜湄合作能形成6个1相加大于6的效应,既能顶住外部经济下行压力,促进自身发展,也可以为促进区域、次区域发展振兴探索新路。这里,我愿就澜湄合作未来发展提四点建议:

第一,共建澜湄国家命运共同体。一江连六国,澜湄次区域是我们的共同家园。各国要增进政治互信,密切高层交往,加强治国理政交流,坚定支持彼此走符合自身国情的发展道路。多年邻居变成亲。我们要精心培育富有特色的澜湄合作文化,共建团结互助、平等协商、互利互惠、合作共赢的澜湄国家命运共同体,为在更广范围内构建亚洲命运共同体打下坚实的基础。我建议每两年举行一次领导人会议,共商合作大计,引领合作方向。每年举行一次外长会,不定期举行高官会和工作组会,落实和推进合作共识。如有特殊需要,也可在协商一致基础上召开领导人特别会议或特别外长会,逐步形成"领导人引领、全方位覆盖、各部门参与"的合作格局。本次会议将发表《澜湄合作首次领导人会议三亚宣言》,向外界展示我们加强合作的决心,描绘未来合作的发展蓝图。

第二,加强互联互通和产能合作。互联互通是深化地区合作的重要助力。中国已同多个湄公河国家签署或正在商谈共建"一带一路"合作文件,愿加强同各国的发展战略对接。我们要加速推进中老、中泰铁路,中缅陆水联运等大项目,探讨建立澜湄边境地区经济区和产业园区、投资区和交通网,不断完善澜湄地区的基础设施建设。湄公河国家都处于工业化和城镇化的关键时期,都有加强基础设施建设、推进地区互联互通、开展国际产能合作的需要。中国拥有大量优势产业和优质的富余产能,装备和产品性价比高,可以通过产能合作帮助湄公河国家提升工业化产业化水平。本次会议即将审议通过《澜湄国家产能合作联合声明》,各方要积极落实声明精神,发挥各自比较优势,加强在基础设施、工程机械、电力、建材、通讯等领域的合作。中方愿设立100亿元人民币优惠贷款和100亿美元信贷额度,包括50亿美元优惠出口买方信贷和50亿美元产能合作专项贷款,用于支持澜湄地区基础设施建设和产能合作项目。中方还将推动亚洲基础设施投资银行、丝路基金等平台,积极支持澜湄地区基础设施等领域合作开发。中方愿在人民币国际化进程中,在金融领域同湄公河国家开展力度更大的合作。人民币已经加入国际货币基金组织特别提款权货币篮子，人民币汇率将长期在合理均衡水平上保持基本稳定。在可持续发展方面更多运用人民币，推动产能、减贫等合作，维护金融稳定，拥有广阔的前景。次区域内的贸易规模还有很大提升空间，中方将进一步扩大与湄公河国家贸易和投资本币结算，完善跨境人民币清算安排，促进对湄公河国家货币区域挂牌或直接交易，提高澜湄次区域贸易规模和水平。

第三，聚焦可持续发展议题。我们发展的根本目的是要让人民过上好日子。今年是落实联合国2030年可持续发展议程的开局之年。澜湄次区域国家是这一进程的积极参与者和贡献者。中方在本次会议上提出了《澜湄国家减贫合作文件》，将继续推动落实"东亚减贫合作倡议"，在湄公河国家开展减贫合作示范项目。中方将在湄公河国家优先使用2亿美元南南合作援助基金，帮助五国落实联合国2030年可持续发展议程所设定的各项目标。中方还将设立澜湄合作专项基金，今后5年提供3亿美元支持六国提出的中小型合作项目。中方愿与湄公河国家共同设立澜湄水资源合作中心和环境合作中心，加强技术合作、人才和信息交流，促进绿色、协调、可持续发展。中方愿同湄公河国家加强跨境传染病联防联控，为五国培养更多公共卫生领域专业人才，开展为当地白内障患者实施免费复明手术的"光明行"计划。

第四，构筑人文交流桥梁。以心相交，方成久远。中国和湄公河国家地理相近、文化相通、人民相亲。赴湄公河五国的中国游客人数逐年攀升，2015年达到1280万人次，中国已成为泰国和越南最大旅游客源国。近年来，湄公河国家年轻人学习汉语的热情高涨，2015年中国和湄公河五国互派留学生总数已超过6万人。我听说，《舌尖上的中国》等在中国热播的电视节目也受到湄公河国家民众的喜爱，让他们了解到中国的美食、民族文化和当代年轻人的生活。五国的文化和美食也受到中国民众，特别是青年人的追捧，可见六国人民加强相互交往和了解的愿望十分强烈。中国愿同湄公河国家在教育、科技、文化、旅游、青年等领域开展形式多样的人文交流，增进信任和友谊，加强人力资源培训合作，未来3年将提供1.8万人年政府奖学金和5000名来华培训名额，并愿探讨在湄公河国家设立职业教育培训中心。此外，中方建议设立澜湄流域综合执法安全合作中心，开展联合执法、人员培训等活动，为澜湄国家发展和人民幸福生活营造和平安宁的环境。

附 录

中国的全国两会刚刚审议通过了今年的《政府工作报告》和"十三五"规划纲要。我们将以创新、协调、绿色、开放、共享新发展理念引领发展，继续推进结构性改革，推动经济转型升级，大力发展新经济，这将为包括湄公河流域国家在内的亚洲地区带来不少投资与合作机会。中方愿同各方共同努力，推动澜湄合作健康持续发展，既让中国—东盟合作更上一层楼，也为亚洲的和平稳定、繁荣发展作出新贡献！

谢谢大家。

澜沧江—湄公河合作第二次外长会联合新闻公报[①]

2016年12月24日　暹粒（柬埔寨）

一、2016年12月23日，澜沧江—湄公河合作（以下简称澜湄合作）第二次外长会在柬埔寨暹粒举行。柬埔寨国务兼外交国际合作部大臣布拉索昆、中国外交部长王毅、老挝外交部长沙伦赛、缅甸外交国务部长觉丁、泰国外交部长敦·帕马威奈、越南副总理兼外交部长范平明出席会议。柬、中两国外长作为共同主席主持了会议。

二、外长们重点就落实澜湄合作首次领导人会议成果、推动澜湄合作向前发展深入交换意见并达成了广泛共识。

三、外长们高度赞赏澜湄合作首次领导人会议于2016年3月23日在中国海南省三亚市成功举行，正式启动澜湄合作机制，达成了一系列重要成果，并提出了诸多合作倡议。会议发表了《三亚宣言》、《澜湄国家产能合作联合声明》，并通过了"早期收获项目联合清单"，为澜湄合作奠定了坚实基础，指明了前进方向。

四、外长们高兴地看到，根据首次领导人会议共识，澜湄合作已建立起包括领导人会议、外长会、高官会、工作组会在内的多层次、多领域机制架构；基于澜湄合作三大支柱及五个优先合作领域确立了"3+5合作框架"，即坚持政治安全、经济和可持续发展、社会人文三大支柱协调发展，在互联互通、产能、跨境经济、水资源、农业和减贫五大优先领域开展合作。

五、外长们满意地注意到，澜湄合作在行动，欢迎首次领导人会议成

[①] 《澜沧江—湄公河合作第二次外长会联合新闻公报》，中华人民共和国外交部，2016年12月24日，http://www.fmprc.gov.cn/web/ziliao_674904/1179_674909/t1426603.shtml，登录时间：2017年3月1日。

果落实取得显著成效，各领域合作得到加强。外长们审议通过了"首次领导人会议主要成果落实进展表"。

六、外长们注意到，互联互通、产能、水资源、农业、减贫等优先领域联合工作组已启动筹建进程。

七、外长们高兴地注意到，早期收获项目正得到积极落实，部分项目已经完成，此外还开展了其他领域一些交流与合作项目，获得了积极成果，这充分体现了澜湄合作务实性和高效性。

八、外长们高度赞赏中方提出设立澜湄合作专项基金并提供其他融资安排，欢迎中方启动基金申请程序，期待基金为促进六国之间友好交流与合作发挥积极作用，给六国人民带来福祉。

九、外长们一致同意加强澜湄合作顶层设计和长远规划，指示高官们和工作组探讨制定澜湄合作五年行动计划，保持澜湄合作的可持续发展和旺盛生命力。

十、外长们呼吁加强澜湄合作机制建设，强调外交部门有必要发挥对澜湄合作的统筹协调和指导作用，同意在各国外交部内建立澜湄合作协调机构/国家秘书处，以有效协调各领域合作，跟进项目落实，确保澜湄合作不断向前发展。

十一、外长们审议通过了"澜湄合作优先领域联合工作组筹建原则"，对工作组宗旨、组成、工作范畴、会议模式、汇报机制等进行规范，并期待六国有关优先领域部门参照上述原则尽快组建联合工作组并投入运作。

十二、外长们鼓励各国领域部门加强沟通、协调和协商，落实好早期收获项目，使之惠及各国民众，同时根据合作项目遴选原则适时启动第二批合作项目征集工作。

十三、外长们重申澜湄合作应遵循协商一致、平等相待、相互协商和协调、自愿参与、共建、共享的原则，尊重《联合国宪章》和国际法，将秉持开放包容精神，与东盟共同体建设优先领域和中国—东盟合作全面对接，与湄公河现有次区域合作机制相互补充，协调发展。

十四、外长们强调，要进一步推动落实首次领导人会议成果，在"领导人引领、全方位覆盖、各部门参与"的架构下，按照政府引导、多方参与、项目为本的模式运作，共同打造面向和平与繁荣的澜湄国家命运共同体。

十五、外长们感谢东道国柬埔寨对各国代表团的盛情款待和为此次会

附录

议所做的周到安排。

王毅外长在澜湄合作中国秘书处成立仪式上的即席致辞[①]

2017 年 3 月 10 日　北京（中国）

　　澜湄合作中国秘书处今天正式成立了！非常欢迎我们澜湄合作的一家人、柬埔寨、老挝、缅甸、泰国、越南五国使节，也欢迎来自方方面面的朋友们。在此，我要代表中国外交部，感谢湄公河五国对设立澜湄合作中国秘书处的支持，感谢国内各部委、各方面对设立中国秘书处的投入。

　　"同饮一江水，命运紧相连"。这两句话、十个字非常精辟、深刻地阐释了我们六个国家之间密不可分的关系。我们不仅是山水相连的友好邻邦，也必将是互利合作的天然伙伴。澜湄合作就是根据六国的共同需要量身打造的新型次区域合作机制，同时也是中国同东盟整体合作的重要组成部分。澜湄合作去年 3 月由李克强总理同湄公河五国领导人在海南三亚共同启动，到现在仅一年，但已经取得了方方面面的重要进展，我们把它称为"澜湄速度"、"澜湄效率"。我们建立了领导人会议、外长会、高官会、工作组会一整套立体式的推进格局。我们确定了"3 + 5"合作架构，选定了 45 个早期收获项目，目前已经有大半完成或正在推进当中。我们已在五个优先领域成立了四个联合工作组，速度之快超出世人预料。和其他各种现有湄公河次区域合作机制相比，澜湄合作最大的特点就是务实高效。换言之，我们不做高大上的"清谈馆"，我们要做接地气的"推土机"，要扎扎实实、一步一个脚印、不间断地推进澜湄合作，让澜湄合作每天都有新进展，每月都有新成果，每年都迈上新台阶，让澜湄六国民众都能实实在在感受到澜湄合作的具体成果！

　　中国秘书处的成立再次表明中国政府愿同湄公河五国一同推进合作的决心和意志。我们已有了推进下一步合作的路线图，我们计划今年内所有国家都成立国家秘书处或协调机构，完成好 45 个早期收获项目。此外，我们将于今年上半年把五个优先领域联合工作组都成立起来并实现运作。我们将下半年召开澜湄合作第三次外长会，为明年预定举办的澜湄合作第二

[①] 《王毅外长在澜湄合作中国秘书处成立仪式上的即席致辞》，中华人民共和国外交部，2017 年 3 月 10 日，http://www.fmprc.gov.cn/web/ziliao_674904/zyjh_674906/t1444875.shtml，登录时间：2017 年 3 月 15 日。

次领导人会议做好准备。我们还将向领导人会议提交"澜湄合作五年行动计划"和第二批合作项目。

澜湄合作还包括更紧密的人文交流和文化往来。我们要不断努力培育"澜湄文化",概括起来就是"平等相待、真诚互助、亲如一家"。我们要使这种"澜湄文化"滋养和培育澜湄合作的健康发展。我相信,在六国共同努力下,澜湄合作一定会取得蓬蓬勃勃地成长,不仅把六国间友好关系再提升到新水平,也能助力东盟一体化进程,支持东盟共同体建设。我们的目标,就是通过六国共同努力,打造澜湄合作走廊,进而建设澜湄国家命运共同体,使澜湄合作成为亚洲命运共同体建设的一块"金字招牌"。

最后,我还要同大家分享一个好消息,澜湄合作中国秘书处的微信公众号已经正式推出了。欢迎大家都来扫一扫,关注和支持澜湄合作。

大力推进澜湄合作,构建澜湄国家命运共同体——纪念澜沧江—湄公河合作启动一周年[①]

外交部长　王毅

2017 年 03 月 23 日　三亚（中国）

2017 年 3 月 23 日是澜沧江—湄公河合作（简称"澜湄合作"）启动一周年的日子。一年前的今天,澜湄合作首次领导人会议在海南三亚成功举行,中国国务院总理李克强同泰国、柬埔寨、老挝、缅甸以及越南领导人共同宣布这一新型合作机制的诞生。一年后的今天,澜湄合作展现出勃勃生机与活力,成为打造亚洲命运共同体的"金字招牌"。

澜湄合作在行动　澜湄效率显成效

在当前国际格局加快调整变化、世界经济复苏乏力、逆全球化思潮涌动的大变局中,澜湄合作接地气、惠民生、得人心,如同一股新风,为次区域发展增强了信心,带来了希望,一经提出就得到沿岸国家的普遍欢迎和热烈响应。短短一年来,澜湄合作取得了多项重要进展,充分体现了

[①] 《大力推进澜湄合作,构建澜湄国家命运共同体》,中华人民共和国外交部,2017 年 3 月 23 日,http://www.fmprc.gov.cn/web/wjbzhd/t1448115.shtml,登录时间:2017 年 3 月 25 日。

"澜湄速度"、"澜湄效率"。

一是完善机制建设,构建合作框架。我们共同建立了包括领导人会议、外长会、高官会和各领域工作组会等在内的多层次、宽领域合作架构,确立了"3+5合作框架",即以政治安全、经济和可持续发展、社会人文为三大支柱,优先在互联互通、产能、跨境经济、水资源以及农业和减贫领域开展合作,形成了"领导人引领、全方位覆盖、各部门参与"的合作格局。迄今,六国已召开了一次领导人会议、两次外长会、四次高官会、五次外交工作组会,各优先领域联合工作组纷纷成立。不久前,澜湄合作中国秘书处正式成立,并推出昵称为"蓝莓"的微信公众号。

二是推进务实合作,夯实合作基础。澜湄合作最大的特色就是务实高效、项目为本。我们决心发挥地缘毗邻和经济互补的优势,推动六国开展宽领域、深层次的互利合作,推动澜湄地区的整体发展和振兴。我们推动开展热带病风险评估及检测预警、红十字会社区卫生发展合作;建设扶贫试点,提升湄公河国家减贫能力;推进流域水文、森林、生态监管和养护合作。首次领导人会议确定的45个早期收获项目和倡议已有大半完成或正在扎实推进,为澜湄合作开启了光明前景。

三是打造联动网络,注入强劲动力。互联互通是深化地区合作的重要动力,也是推动地区发展的有效抓手。我们大力推进中老、中泰铁路建设,开展泛亚铁路升级建设;开展河道整治、港口升级、河运立法与标准化、地理空间框架建设;积极推进空间信息交流合作中心建设和区域信息通信技术与应用培训。基础设施、规章制度、人员交流三位一体的澜湄次区域互联互通大网络建设正在深入推进中。

四是提供金融支撑,保障合作开展。李克强总理在首次领导人会议上提出,中方将设立澜湄合作专项基金,提供3亿美元支持六国提出的中小型合作项目。目前,澜湄合作专项基金已正式启动项目申请,六国踊跃申报项目。同时,中方在首次领导人会议上提出的人民币优惠贷款框架和美元信贷额度正在逐步落实中。这些都为澜湄合作可持续发展提供了有力保障。

五是深耕民心交流,厚植澜湄文化。澜湄六国同饮一江水,命运紧相连。扎实的民意基础是澜湄合作的根本保障。去年3月,湄公河下游国家遭受旱灾时,我国根据下游国家缺水情况提供了应急补水,解决了下游国家的燃眉之急,体现了患难与共、真诚相助的兄弟情谊;我国开展"湄公河光明行"活动，为老挝、柬埔寨、缅甸600余名白内障患者实施复明手术；我国设立面向湄公河五国的国际奖学金，推动六国语言交流与培训，并将在3年内提供1.8万人年政府奖学金和5000名来华培训名额。我们还开展了各国政党、官员、青年和宗教代表交流访问活动，举办了旅游城市合作论坛。以平等相待、真诚互助、亲如一家为特点的澜湄文化正在逐步形成，并滋养和培育澜湄合作健康发展。

区域合作新实践　周边发展谱新篇

党的十八大以来，以习近平总书记为核心的党中央在深刻把握国际形势和世界格局发展大势的基础上，积极推进构建以合作共赢为核心的新型国际关系，打造周边命运共同体，巩固同发展中国家的团结合作，受到国际社会广泛赞誉。推进澜湄合作是落实习近平主席提出的建设亚洲命运共同体倡议的具体实践，体现了六国合作的深厚基础和强烈意愿，为促进次区域发展与繁荣贡献了中国智慧、中国方案。

澜湄合作是中国外交坚持正确义利观的具体体现。湄公河国家处于工业化和城镇化的关键时期，大多面临基础设施薄弱、资金缺口较大、贫困人口仍多、工业化和现代化任务繁重等发展难题。中国政府认真贯彻"亲、诚、惠、容"的周边外交理念，在谋求自身发展的同时带动湄公河次区域国家共同发展，展现了中国同周边国家同呼吸、共命运、携手前行的大国担当，唱响了共担时代责任、促进区域发展、助力区域一体化的时代强音。

澜湄合作是推动"一带一路"建设的重要平台。湄公河国家地处海上丝绸之路沿线，同我国地缘相近、人文相亲、经济互补，在工业化、基础设施、产业结构升级、农业现代化等方面和我国拥有广泛的合作需求或互补优势，是我国加强各领域合作的天然伙伴，也是我国推进"一带一路"建设和开展国际产能合作的重要对象。可以通过澜湄合作发展跨境经济，构建跨境产业链，带动六国央地相互配合、补充，拓展各领域合作的深度和广度。

澜湄合作是打造新型南南合作的积极探索。澜湄合作不同于传统区域合作机制，是由流域六国共同发起和建立的新型次区域合作平台。六国本着平等协商的精神，致力于维护地区和平稳定，缩小发展差距，携手打造团结互助、平等协商、互惠互利、合作共赢的澜湄国家命运共同体。澜湄合作将成为南南合作一个新范例，也将为落实联合国 2030 年可持续发展议程、构建以合作共赢为核心的新型国际关系作出积极贡献。

澜湄合作是现有地区合作机制的有益补充。澜湄合作不封闭排他，坚持开放包容，有助于打造新的地区经济增长极，给澜湄六国带来切实的实惠，并将辐射到东南亚其他国家，缓解东盟新老成员发展失衡问题。澜湄合作三大支柱与东盟共同体建设三大支柱完全契合，将助力东盟共同体建设，促进区域一体化进程，也将与大湄公河次区域经济合作等既有次区域合作机制相互补充、相互促进、相辅相成、协调发展，发挥各自优势，共同促进次区域发展繁荣。

齐心协力共经营　澜湄合作前景阔

澜湄合作因水而生，因水而兴。澜湄合作成立刚刚一周年，还是新生事物，构建澜湄国家命运共同体的美好愿景，需要更多元的参与、更包容的心态和更持久的努力。中国将以习近平总书记倡导的人类命运共同体为目标，根据李克强总理与湄公河五国领导人共同勾画的蓝图，努力推动澜湄合作走深走实。

增进政治互信，深化战略对接。澜湄合作从根本上说，要契合各国现实需求，对接彼此发展战略，真正从六国人民福祉出发，建设澜湄合作走廊。我们愿与湄公河国家持续深化政治互信，加强战略合作，维护彼此利益，促进次区域的和平稳定和发展繁荣。

坚持务实合作，推动高效落实。澜湄合作不做高大上的"清谈馆"，要做接地气的"推土机"。今年上半年将完成所有 6 个优先领域联合工作组筹建工作，年内在 6 国外交部设立国家秘书处或协调机构。我们将制定五年行动计划，完成好首次领导人会议和第二次外长会通过的项目和倡议，为明年预定举办的第二次领导人会议做好准备。

加强人文交流，实现民心相通。久邻如亲。澜湄合作不仅是政治和经济领域的合作机制，也是邻居和朋友情谊交流的平台。我们将在教育、科技、文化、旅游、青年等领域开展更加丰富多彩的人文交流，培育平等相待、真诚互助、亲如一家的澜湄文化，增进我国和湄公河五国人民间的友谊，为澜湄国家经济社会发展和人民幸福生活营造更加和谐的环境。

2017 年是中国发展进程中的重要一年，也是澜湄合作全面推进之年。

我们将在以习近平同志为核心的党中央领导下，着力营造睦邻友好、共同发展的周边环境，全面提升同发展中国家合作水平，主动服务国内发展，为党的十九大胜利召开和全面建成小康社会提供有力支撑，为世界和平与发展事业作出更大贡献。

中国—东盟区域发展协同创新中心简介

中国—东盟区域发展协同创新中心由广西壮族自治区人民政府主导，联合中共中央对外联络部、外交部、商务部、中国农业银行，由广西大学牵头，协同国内外重点高校、重要科研院所共同组建。中心以打造"国家急需、世界一流、制度先进、贡献重大"的中国特色新型高校智库为目标，致力于发展中国—东盟领域政治、经济、国防、外交等重大问题的合作与创新研究，培养"东盟通"特殊人才，服务"一带一路"等国家战略。

图1 中国—东盟区域发展协同创新中心组建签约仪式

中国与东盟的合作虽然取得了巨大的成就,但随着外部环境和外生因素的变化,新问题也层出不穷,严重影响和制约着中国与东盟国家在政治和经济领域的合作与发展。为加强对中国—东盟区域发展重大理论与实践问题的综合研究,为中国—东盟命运共同体建设、中国—东盟关系发展提供理论支持、政策咨询和人才支持,中心于2015年3月15日在北京举行了第二轮组建签约。

第二轮组建签约后的中国—东盟区域发展协同创新中心由28个单位构成。主要包括牵头单位广西大学,核心单位10家(云南大学、暨南大学、南开大学、对外经济贸易大学、西南交通大学、中国人民解放军国防大学战略研究所、中国社会科学院亚太与全球战略研究院),支撑单位6家(外交部亚洲司、外交部政策规划司、商务部亚洲司、商务部国际贸易经济合作研究院、中共中央对外联络部当代世界研究中心、广西壮族自治区人民政府办公厅),成员单位11家〔南京大学商学院、外交学院亚洲研究所、中央财经大学金融学院、中国人民大学国际关系学院、厦门大学东南亚研究中心、中国—东盟商务理事会、安邦咨询公司、东中西区域改革和发展研究院、广西国际博览事务局(中国—东盟博览会秘书处)、广西金融投资集团、中马钦州产业园区管委会〕。

中心依据《理事会章程》要求,围绕中国—东盟命运共同体间"讲信修睦"、"合作共赢"、"开放包容"的建设目标,秉承"精简、高效"的原则,实行理事会领导,学术委员会对学术问题把关的中心主任负责制。目前,中心共有49支共229人的研究团队,分别由协同创新中心主任、首席科学家担任主要负责人,分布在10个协同创新平台中。发展培育期间,中心已产出了200多项应用成果和400多项高水平理论成果。这些成果均具有重要的经济和社会效益,为政府制定有关中国—东盟区域发展的重大项目决策提供了理论依据和支持,也为我国现代化建设、经济理论创新和话语体系构建做出了贡献。

中国—东盟区域发展协同创新中心的建设,将以国家和东盟区域发展的重大需求为导向,以中国—东盟全面战略合作伙伴关系发展中的重大协同创新研究任务为牵引,以服务中国—东盟区域发展实践和理论创新重大需要为宗旨,提升科研、学科、人才"三位一体"创新能力,优化国际问题研究全方位创新环境,努力将中心建设成为集科学研究、学科建设、人才培养、智库建设、体制创新于一体,世界一流的区域发展理论创新高地、政策咨询智库和人才培养基地，打造中国高校特色新型智库，使中国—东盟区域发展协同创新中心成为具有国际重大影响的学术高地。

发展目标

中国—东盟区域发展协同创新中心的建设，将以国家和东盟区域发展的重大需求为导向，以中国—东盟全面战略合作伙伴关系发展中的重大协同创新研究任务为牵引，以服务中国—东盟区域发展实践和理论创新重大需要为宗旨，提升科研、学科、人才"三位一体"创新能力，优化国际问题研究全方位创新环境，努力将中心建设成为集科学研究、学科建设、人才培养、智库建设、体制创新于一体，世界一流的区域发展理论创新高地、政策咨询智库和人才培养基地，打造中国高校特色新型智库，使中国—东盟区域发展协同创新中心成为具有国际重大影响的学术高地。

● 科学研究

世界一流的区域发展理论创新高地。中共中央对外联络部、外交部、商务部和广西壮族自治区人民政府的共同支撑将在科研上体现创新。建立知识创新机制、体制创新机制，营造有利于协同创新机制形成的环境和氛围，打造中国高校特色新型智库。

● 学科建设

建成中国—东盟区域发展国家特色学科。在研究的过程中，中心将凝练学科方向、汇聚学科队伍，构筑学科基地，制定学科建设规划，创新研究成果，形成新学科课程基础，有计划地举办全国或国际学术会议、接受国内外同行研究人员参与相关项目研究，发挥对外学术交流窗口作用，努力将创新中心建成本学科的全国学术交流和资料信息高地。

● 人才培养

国际知名的创新型人才培养基地。"7校2院、2央企"的协同机制，并有5所高校作为成员单位加入，实现人才培养"需求与供给"对称，可以建立跨国家、跨学科、跨学校、跨领域的人才培养平台。

● 智库建设

国际著名的中国特色新型智库。中国—东盟区域发展协同创新中心科研团队的组建涉及党、政、军、学、研、企各行业，既有理论研究人员，又有实践部门的案例支持，科研成果的决策应用性将更加突"政、产、学、研、用"一体化。机制创新、制度创新作为协同创新中心建设的关键，可以为人文社科领域科学研究开设试验田，在探索高等学校科研体制改革方面发挥示范和辐射作用。

代表性成果

协同机制建立以来，中国—东盟区域发展协同创新中心的牵头单位和协同单位共承担东盟研究领域的各级科研项目316项，其中，国家社会科学基金项目55项，国家自然科学基金项目24项，中央部委课题委托55项；产出学术著作191部，学术论文837篇；200多项应用成果为党和政府采纳；取得获奖科研成果63项。

平台与研究团队集成

中国—东盟区域发展协同创新中心围绕"讲信修睦"、"合作共赢"、"守望相助"、"心心相印"、"开放包容"的中国—东盟命运共同体目标，加强10个创新平台建设。协同机制形成后，将集中形成6个研究团队。这6个研究团队集成，共有49支研究团队，分别由协同创新中心主任、首席科学家担任主要负责人，分布在10个协同创新平台。

"中心"打破协同单位原有界限，实行"校校协同"、"校院协同"、"校所协同"，以课题和任务为纽带，形成"你中有我、我中有你"的紧密型合作。为了充分调动协同单位的积极性和创造性，增强责任感，充分发挥协同高校在基本理论研究、人才培养、学科建设方面的优势，中共中央对外联络部、外交部、商务部和广西壮族自治区人民政府、中国社会科学院在科学研究、政策咨询方面的优势，以及中国农业银行、国家开发银行在现实案例、数据库建设方面的优势，因此我们对各协同单位在建设中的分工都有所侧重。

广西大学中国—东盟研究院简介

广西地处中国面向东盟开放的前沿地带，具备与东盟国家陆海相邻的独特优势，正积极构建面向东盟的国际大通道，打造西南、中南地区开放发展新的战略支点，形成"一带一路"有机衔接的重要门户。习近平、李克强等党和国家领导人曾多次作出重要指示，肯定广西在中国—东盟合作中的重要地位，并明确要求广西要积极参与中国—东盟自由贸易区、泛北部湾合作、GMS 次区域合作，充分发挥中国—东盟自由贸易区前沿地带和"桥头堡"作用。2005 年，时任自治区党委书记刘奇葆作出指示，"要加强对东盟的研究，找到合作的切入点，认真做好与东盟合作的战略规划，提出行动计划"。时任自治区党委副书记潘琦、时任自治区人民政府常务副主席李金早批示，批准广西大学联合广西国际博览事务局，整合全区高校和相关部门的研究力量，在原广西大学东南亚研究中心（1995 年成立）的基础上，成立中国—东盟研究院，为正处级独立建制，以东盟经济问题为切入点，研究中国—东盟双边贸易以及 CAFTA 建设中的重大理论、政策及实践问题，并在此基础上辐射至中国—东盟关系研究。

2005 年 1 月中国—东盟研究院成立时，下设中国—东盟经济研究所、中国—东盟法律研究所、中国—东盟民族文化研究所，主要研究方向涉及中国—东盟关系及东南亚国家的经济、法律、文化及民族等方面的问题。为适应中国—东盟关系的发展变化，2011—2013 年中国—东盟研究院进一步细化研究领域，强化研究深度，调整运行架构，将机构设置增加、调整为 10 个国别研究机构（越南、缅甸、老挝、泰国、文莱、新加坡、马来西亚、印度尼西亚、菲律宾、柬埔寨 10 个国别研究所）和 10 个专业研究机构（中越经济研究院、广西大学"21 世纪海上丝绸之路"研究中心、澜沧江—湄公河经济带研究中心、中国—东盟产业发展与生态环境研究中心、国际关系研究所、民族与文化研究所/骆越文化研究中心、法律研究所、中马产业园研究中心、中国—东盟战略研究所、中国—东盟财政金融政策研究中心），并启动建设中国—东盟研究国际在线研讨平台和中国—东盟全息数据研究与咨询中心，强化科研基础设施建设。

2013年6月1日，中共中央委员、广西壮族自治区党委书记、自治区人大常委会主任彭清华同志就中国—东盟重大课题研究和中国—东盟研究团队、研究机构的建设与发展作出重要指示："广西大学中国—东盟研究院，在高校里很有特色，有独特的地位。广西在中国—东盟关系里面，不管是一个桥头堡还是一个开放前沿，都有一个独特的区位优势，我们把广西大学中国—东盟研究院办好，加强科研团队建设，有利于更好地发挥广西在发展中国—东盟合作关系中的作用。中国—东盟研究团队多年来积累了一些研究成果，对我们今后更务实、有效地改进中国—东盟、广西—东盟的关系很重要，希望继续把它做好。"

近年来，中国—东盟研究院以"长江学者"、"八桂学者"为重点目标，以"特聘专家"等方式引进国内外高校及研究机构的科研骨干，跨学科交叉组建研究团队。经过长期建设发展，中国—东盟研究院已成为全国从事东盟领域研究人数最多的机构之一：现有优秀科研人员共121人，其中专职人员42人，校内兼职人员79人（科研管理与考核在研究院，教学在其他学院），教授（研究员）共有45人，专职人员中拥有国家"百千万"人才工程人选1人、国家级有突出贡献中青年专家1人、教育部"新世纪优秀人才"2人、"八桂学者"1人、广西新世纪"十百千"人才工程第二层次人选3人、享受政府特殊津贴专家2人、广西高校百名中青年学科带头人4人、广西高校优秀人才3人。校内兼职人员中，院士1人、长江学者2人、中国科学院百人计划人选1人、全国教学名师1人。校外兼职研究人员61人，国外合作研究人员9人。

目前，中国—东盟研究院作为"自治区人文社科重点研究基地"，牵头建设中国—东盟区域发展协同创新中心，实施"中国—东盟战略伙伴关系研究'部、省、校'协同创新工程"，争取"中国—东盟区域发展协同创新中心"进入国家级协同创新中心行列。在此基础上，中国—东盟研究院拟申报"教育部人文社会科学重点研究基地"，未来将为中国—东盟关系领域的全面研究提供更广阔的平台。

广西大学中国—东盟研究院立足地缘和区位优势，研究中国—东盟双边贸易以及 CAFTA 建设中的重大理论、政策及实践问题，在国内乃至东盟国家有重要影响。以广西大学中国—东盟研究院为主要建设载体的"中国—东盟经贸合作与发展"211 重点建设学科群已经成为广西该领域独占鳌头的强势学科，主要学科（专业）建设或研究方向已经达到国内领先水平。

1. 中国—东盟关系发展战略、合作机制与规则研究

以教育部重大攻关项目"推进一带一路海上丝绸之路建设研究"，国家社会科学基金项目"中国—东盟关系中政治与经济互动机制研究"、"《东盟宪章》、《东盟经济共同体蓝图》等文件生效后的中国—东盟合作关系研究"等国家级项目为研究平台，以中国—东盟自由贸易区（CAFTA）发展进程为主线，涵盖中国—东盟合作及影响因素（涉及地缘关系与政治、经济、民族文化、管理等方面）、中国—东盟自由贸易区（CAFTA）推进策略、CAFTA 各成员国国别政策研究、中国—东盟关系发展趋势、南中国海问题等。该研究方向涉及政治学、经济学、法学、管理学、文学等五大学科门类 11 个二级学科，突出学科交叉协同研究的组合优势，研究成果直接服务于中国—东盟关系发展战略的制定与实施。

2. 中国—东盟经贸合作与区域经济一体化研究

以教育部哲学社会科学研究重大课题攻关项目"中国—东盟区域经济一体化研究"、国家社会科学基金重点项目"中国—东盟旅游与贸易互动关系研究"、国家社会科学基金项目"中国—东盟自由贸易区成员国宏观经济政策协调理论研究"、"中国西南地区与东盟区域农业合作研究"等国家级项目为研究平台，将主要研究中国—东盟经贸合作细分领域、合作策略、推动战略，研究中国—东盟区域经济一体化进程及影响因素，研究解决中国—东盟区域经济一体化建设的理论关键问题以及理论和实践相结合的现实问题。该研究方向是广西大学东盟研究领域传统优势的再持续，涉及应用经济学、理论经济学、国际关系学等多个学科，突出多校联合和部校联合的创新协同优势，研究成果直接服务于中国—东盟自由贸易区的推进和深化、中国—东盟博览会、中国—东盟商务与投资峰会。

3. 中国—东盟产业合作、资源综合利用与生态保护研究

以国家社会科学基金重大项目"CAFTA 进程中我国周边省区产业政策协调与区域分工研究"、国家自然科学基金项目"自由贸易与跨境通道对地缘经济区的重塑——基于 C-P 模型的实证研究"等国家级项目为研究平台，研究中国—东盟产业合作与协调的相关政策、产业分布与资源要素禀赋、产业成长与资源综合利用以及与之相关的环境生态等问题。本研究方向特色在于文、理、工、农多学科交叉，实现自然科学与社会科学的有机结合。本研究团队汇集了院士、长江学者、八桂学者等高端人才，横跨文科与理工科两大截然不同的领域，证明人文社会科学与理工农科相结合确实能够实现效益倍增，科研成果充分体现部、省（自治区）、校协同研究服务地方经济发展的协同创新优势。

广西大学中国—东盟研究院获得全国东盟研究领域第一个教育部哲学社会科学研究重大课题攻关项目和第一个国家社科基金重大项目，开创了广西人文社会科学研究的里程碑，成为中央有关部委、自治区党委、政府及其相关部门、地方各级党委、政府的重要智囊单位，研究成果或入选教育部社会科学委员会专家建议、中共中央对外联络部、教育部内参和成果摘报，或获得党中央、国务院和自治区主要领导批示，在学术界和社会上有较大的影响，研究成果居国内领先水平。

展望未来，中国—东盟研究院将本着跨学科、跨区域、跨国家的开放式研究平台建设思维，整合国内外该领域研究力量，创新科研团队形成机制，融合政治学、历史学、民族学等多个边缘学科，研究中国—东盟关系问题、并扩展到跨国界区域性国际经济合作理论与实践问题。"中国—东盟区域发展"作为应用经济学一级学科的新设二级创新学科，以博士点和硕士点建设为契机，以"中国—东盟关系与区域发展"作为研究对象，试图形成完整的中国—东盟关系研究多学科互动研究体系，使本研究团队的理论研究具有前沿性、基础性、支撑性。

《中国—东盟研究》征稿启事

　　一、来稿要求作者严格遵守学术规范，引用的文献、观点和主要事实要注明来源。独著或第一作者原则上须具有副高及以上职称或具有博士学位。来稿一般不超过15000字为宜。来稿一经录用，我们将视情给予稿酬。

　　二、为规范排版，请作者在投稿时一律以WORD格式，严格按照以下要求：

　　1. 论文要求有题名（中英文）、内容摘要（中英文、200字以内）、关键词（中英文、3—5个）、作者简介（中英文）。

　　2. 基金项目和作者简介按下列格式：

　　【基金项目】：项目名称（编号）。

　　【作者简介】：姓名、工作单位、职称、学位。

　　3. 文章一般有引言和正文部分，正文部分用一、（一）、1、（1）编号法。插图下方应注明图序和图名。表格应采用三线表，表格上方应注明表序和表名。正文为五号宋体，题目三号宋体加粗，一级标题四号宋体加粗，二级标题小四宋体加粗，行间距1.25倍行距，脚注小五号宋体。

　　4. 引文注释均采用页下注（脚注）形式列出，参考文献不再列出。一般应限于作者直接阅读过的、最主要的、发表在正式出版物上的文献，具体参见附件："《中国—东盟研究》引文注释规范"。

　　三、文责自负。凡投稿二个月内未接到任何采用通知，作者可另行处理。切勿同时一稿多投。

　　四、本刊实行匿名评审制度，确保论文质量。

　　五、在尊重原作的基础上，本刊将酌情对来稿进行修改，不同意者请在来稿中说明。

六、未尽事宜由《中国—东盟研究》编辑部负责解释。

投稿电子邮箱：zg-dmyj@gxu.edu.cn

联系电话：0771-3234354

联系人：何欢 甘若谷

著作约定与声明

如无特别声明或另行约定，来稿一经刊用，即视为作者许可本刊使用该稿件的专有发表权、发行权、复制权、网络传播权等。凡在本刊发表的文章获奖或被其他报刊转载、摘登等，请及时通知本刊编辑部。本刊允许转载、摘登和翻译，但必须注明出处，否则视为侵权。

《中国—东盟研究》编辑部

2017 年 1 月 1 日

附：《中国—东盟研究》引文注释规范

1. 中文注释

对所引用的文献第一次进行注释时，必须将其作者姓名、文献名、出版社、出版时间、所属页码一并注出。再次引用同一文献时，著作只需注明作者姓名、文献名和页码，论文则仍需完整信息。具体格式如下：

（1）专著

王子昌：《东盟外交共同体：主体及表现》，时事出版社 2011 年版，第 109—110 页。

（2）译著

［美］汉斯·摩根索：《国家间的政治——为权力与和平而斗争》，杨岐鸣等译，商务印书馆 1993 年版，第 30—35 页。

（3）论文

徐步、杨帆：《中国—东盟关系：新的起航》，《国际问题研究》2016 年第 1 期，第 35—48 页。

2. 外文注释（以英文为例）

同中文注释的要求基本一致，只是论文名用引号，书名和杂志名用斜体。再次引用同一文献时，只需注明作者姓名、文献名和页码。具体格式举例如下：

（1）专著

Robert O. Keohane and Joseph S. Nye, Power and Interdependence: World Politics in Transition, Boston: Little Brown Company, 1997, p. 33.

（2）论文

Brewer, P. R., "International Trust and Public Opinion About World Affairs", American Journal of Political Science, Vol. 1, No. 48, 2003, pp. 93 - 109.

（3）文集中的论文

Steve Smith, "New Approaches to International Theory", in John Baylis and Steve Smith, eds., The Globalization of World Politics, Oxford: Oxford University Press, 1998, pp. 169 - 170.

3. 互联网资料注释

互联网资料格式参照以上中英文注释的要求，同时需要注明详细的网址以及登录时间。

（1）中文资料

许宁宁，"中国与东盟走过了不平凡的 20 年"，新浪财经网，2011 年 7 月 28 日，http://finance.sina.com.cn/g/20110728/151310223248.shtml，登录时间：2015 年 9 月 6 日。

（2）英文资料

Richard Heydarian, "Japan Pivots South, with Eye on China", The Asia Times online, 26 January, 2013, http://www.atimes.com/atimes/Japan/OA26Dh01.html，登录时间：2015 年 12 月 22 日。